胡同庆

王义芝 张 锋——

著

本色敦煌

壁画背后的故事

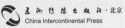

五洲传播出版社·北京

China Intercontinental Press

图书在版编目（ＣＩＰ）数据

本色敦煌 / 胡同庆，王义芝，张锋著. —— 北京：
五洲传播出版社，2024.1
ISBN 978-7-5085-5089-3

Ⅰ．①本… Ⅱ．①胡… ②王… ③张… Ⅲ．①敦煌学
－艺术－研究 Ⅳ．①K870.6

中国国家版本馆CIP数据核字(2023)第166805号

作　　者： 胡同庆　王义芝　张　锋
出 版 人： 关　宏
责任编辑： 梁　媛
装帧设计： 山谷有鱼

本色敦煌，壁画背后的故事
出版发行：五洲传播出版社
地　　址：北京市海淀区北三环中路31号生产力大楼B座6层
邮　　编：100088
电　　话：010-82005927，82007837
网　　址：www.cicc.org.cn，www.thatsbook.com
印　　刷：北京市房山腾龙印刷厂
版　　次：2024年1月第1版第1次印刷
开　　本：850毫米×1168毫米　1/16
印　　张：15.5
字　　数：210千
定　　价：128.00元

前言

　　有人比喻敦煌是大漠戈壁中的一颗明珠，实际上敦煌现在只是一块刚被剖切开一点点表皮便露出晶莹光芒的美玉原石。人们对敦煌石窟艺术的了解，通过几十年来几代人的不懈努力，虽然已取得众人瞩目的丰硕研究成果，但就像王安石在《游褒禅山记》所云："入之愈深，其进愈难，而其见愈奇。"到目前为止，人们对敦煌艺术的认识，尚处于刚进入洞穴的初级阶段。因此，对敦煌石窟艺术的探讨，正如已故敦煌学家段文杰先生所云："敦煌学博大精深，必须有咬定青山不放松的精神。"

　　敦煌石窟并不只是指的敦煌的莫高窟，而是指以莫高窟为主体的古敦煌郡境内的所有石窟。它包括今甘肃省敦煌市境内的莫高窟、西千佛洞，瓜州境内的榆林窟、东千佛洞、水峡口，肃北蒙古族自治县境内的五个庙、一个庙等石窟。在古代，这些石窟都位于敦煌郡境内，其内容及艺术亦同属一脉，因此总称之为敦煌石窟。

　　敦煌石窟自前秦建元二年（366年）乐僔开凿第一个洞窟，历经十多个朝代，绵延一千六百多年，才造就了灿烂辉煌、驰名中外的敦煌艺术。敦煌石窟艺术是一种由洞窟建筑、雕塑、壁画三者紧密结合而成的综合体艺术，是反映人类思想和人类社会生活的一种文化载体。

从洞窟建筑形制来看，敦煌的洞窟形制多种多样。既有来自西域的令人联想到帐篷的穹窿形窟顶，也有似乎受到中原汉墓影响的长方形盝顶；既有供僧人坐禅修行的禅窟，也有供佛教徒右旋绕塔巡礼观像的塔庙窟（中心塔柱窟），还有供善男信女顶礼膜拜的佛殿窟（殿堂窟）。其中禅窟和塔庙窟源于印度的"精舍""僧院"和"支提窟"，而佛殿窟的覆斗形窟顶则源于中国古代的"斗帐"。

从彩塑内容来看，敦煌石窟的佛教造像多姿多态。既有释迦牟尼说法像，也有释迦牟尼的禅定像、苦修像、思维像；既有释迦、多宝并坐像，也有交脚弥勒菩萨像；既有胁侍菩萨像以及佛弟子像，也有天王像和金刚力士像。这些造像，既有圆塑，也有高浮塑，还有模制的影塑。影塑中既有合十或捧花胡跪的供养菩萨，也有在天空中挥洒香花的飞天。另外，窟梁两侧出现了中原传统形式的龙首、凤首装饰。

从壁画内容来看，敦煌石窟的绘画题材更是丰富多彩。既有佛、菩萨像，也有佛、菩萨的侍从伎乐、飞天和佛教的护法神金刚力士，还有大量的千佛画像。既有宣扬释迦牟尼"前生善行"的本生故事画，也有宣扬佛教因果报应的因缘故事画，还有介绍释迦牟尼生平事迹的佛传故事画。既有来自印度神话中的阿修罗、那罗延天、摩醯首罗天、毗那耶迦天、鸠摩罗天以及日天、月天等诸天神王，也有来自中原传统神话中的伏羲、女娲、雷公、辟电、风伯、雨师、东王公、西王母以及飞廉、开明、乌获等神灵。另外，还有大量具有民族特色的藻井、平棋、龛楣、边饰等装饰图案，以及大量的僧侣、王公贵族和侍从奴婢、少数民族人物等供养人画像。

洞窟的主体是佛的塑像，位置显著。一般情况下，两侧都陪衬有弟子、菩萨的塑像，共同成为佛教徒顶礼膜拜的对象。壁画是石窟艺术的重要组成部分。它在石窟寺中的作用主要有两种，一种是用形象的图画向佛教徒宣传、阐述佛教义理；二是以强烈的装饰性效果来感染信徒。也就是从内容上和艺术形式上与洞窟、塑像紧密结合，构成一个相对完整、独立的宗教世界，使人们走进洞窟犹如走进佛国，"人佛交接，两得相见"，在艺术美感的潜移默化中，"动人心志"，诱导人们信奉宗教。

"横看成岭侧成峰，远近高低各不同。"在灿烂辉煌、丰富多彩的敦煌石窟艺术面前，有的人眼里只有几身大佛、几身菩萨的形象，也有人注意壁画中供养人的服饰；有的人喜欢壁画中的动物或山水，也有人欣赏壁画中多姿多态的飞天；有的人欣赏壁画中的灿烂辉煌的宫殿，有的人关注壁画中的故事内容和相关背景，也有人关注壁画中流畅的线条和斑驳的色彩，等等，各有所爱，各有自己的收获。

人们在昏暗的洞窟中瞻仰庄严肃穆的佛菩萨像，看到壁画中多姿多态的飞天，听到许多寓意深远的佛教故事，感受到敦煌艺术的神奇。然而，敦煌之所以享誉全世界，不仅是因为敦煌艺术中塑绘了大量的佛、菩萨尊像以及婀娜多姿的飞天和许多精彩的佛教故事。最重要的是，敦煌壁画和藏经洞出土文书中从不同角度反映了当时人们在想什么、做什么，反映了他们的思想信仰、道德观念，以及日常社会生活。如人们的衣食住行、生老病死、医疗卫生、休闲娱乐等最普通、最平凡的事情，在敦煌壁画和敦煌文献中也有描绘或记载，而这些才是敦煌最精彩之处。然而，目前有关介绍敦煌的通俗读物多是介绍敦煌飞天和壁画中的佛经故事，全面介绍敦煌文化的通俗读物很少。

本书尽可能吸取几十年来敦煌学界的研究成果，并将其通俗化、大众化。书中丰富的内容，配上形象直观的图片，从不同角度多方面介绍敦煌文化，不仅有知识性，同时也有趣味性和欣赏性，有助于读者对敦煌文化形成一个较为全面的了解。不过，本书所介绍的内容，仅仅是敦煌文化中的冰山一角，只能谓之蜻蜓点水、浮光掠影。

希望读者阅读此书后，能够透过敦煌的神秘面纱，认识到敦煌的光芒和神奇都来自它的平凡——来自与每个人息息相关的日常社会生活。每个人的人生也是如此，平凡的人生才是精彩的人生。希望每一位朋友在阅读此书后能更多地关注自己周围的一切，关注过去，关注现在，关注未来，使自己的人生更加丰富多彩。

游四百九十二个佛窟，拜三千大大小小佛塑，读四万五千平米佛画，观一千六百余年历史；

品评魏晋隋唐之异趣，了解丝绸之路之奇情，感叹鬼斧神工之杰作，试揭神秘石窟之面纱。

目录

第四章

壁画里的人间烟火

04

05

第五章

讲卫生的敦煌人

第六章

敦煌人的

缤纷娱乐生活

06

敦煌文物流散之殇

第十章

IO

II

附录

第一章

敦煌壁画中的佛教艺术

敦煌壁画中的佛教故事画

敦煌莫高窟自公元366年凿壁开窟以来，历经多个封建王朝的更迭。莫高窟壁画内容博大精深，富丽多彩，包含了各种各样的佛经故事、山川景物、亭台楼阁、山水花卉、飞天佛像，以及很多表现当时狩猎、耕作、纺织、交通、战争、建设、舞蹈、婚丧嫁娶等社会生活场景的画作，是数千年佛经故事、民俗风貌和历史变迁的艺术再现。

敦煌壁画中有关佛教的故事画主要有佛本生故事和佛本行故事两种。匠人们将广为传颂的经典佛经故事雕刻于石壁之上，一度只能通过文字或口口相传的佛家经典故事栩栩如生地在石壁上再次呈现，向普罗大众与善男信女们传递其价值观念与精神内涵，具有极大的传递性与感染力。

劝人积德行善的本生故事画

佛本生故事是敦煌壁画题材之一，表现释迦牟尼佛在过去世中为菩萨时要教化人生、普行六度的种种事迹。敦煌壁画中现存各时期的本生故事画近20种，包括北凉第275窟的月光王施头、尸毗王割肉贸鸽、毗楞竭梨王身钉千钉、快目王施眼；北魏第254窟的萨埵舍身饲虎；257窟的九色鹿舍己救人；隋代第419窟的须达拿太子本生；中唐第112窟的金毛狮王不伤猎人；晚唐第85窟的设头罗健宁变鱼救灾民；五代第98窟的郁多罗求法献皮血；宋代第55窟的流水长者驮水救鱼；等等。这些本生故事主要宣传积德行善，故事曲折，情节生动，有强烈的感染力。

如北魏第254窟南壁的《萨埵舍身饲虎》，画的是古印度某国有3个太子，最小的名叫萨埵。有一天，三人出游山林，见一母虎带数幼虎，饥渴交迫，行将死去。

萨埵欲以自己救此饿虎，所以先让二兄返回，自己则横卧虎前，但饿虎无力啖食，萨埵又爬上山岗，以竹刺喉出血，投崖饲虎，饿虎舔血后啖食其肉。

　　又如北魏第257窟的《鹿王本生》，故事说有一天，一个行人掉入河中，恰逢九色鹿从河边经过，救起溺水的人。为感谢九色鹿救命之恩，行人跪地请求，愿做奴仆。九色鹿说："无须报恩，只是万万不可泄露之所在。"行人发誓遵其所言，然后离去。这天夜晚，此国的王后梦见美丽的九色鹿，便要求国王设法捕获九色鹿，剥

北魏第254窟南壁　萨埵舍身饲虎

北魏第 257 窟西壁　鹿王本生（局部）

其皮毛做裘衣，取其犄角做拂柄。于是，国王命人张榜悬赏：若有捕获九色鹿者，愿分国家一半的财富作为赏赐。行人见利忘义，进宫告密，并领国王入山捕鹿。此时，九色鹿正在山林中安睡，全然不知，惊醒时已被国王率领的围猎队伍包围，无法脱身。于是，九色鹿便毅然走到国王面前，向国王述说了自己曾经如何救了行人、行人如何发誓的，并感叹现在自己竟被此人出卖。国王听后，深为触动，谴责行人的卑鄙行为，同时下令全国禁止捕捉九色鹿。最后，行人遭毒誓报应，全身长疮，暴病身亡；王后也因私欲未达到，又羞又恼，恚愤而死。

这幅壁画的构图为画面中央绘国王与九色鹿对话。画中的九色鹿与国王分站南

北周第 299 窟窟顶北披 睒子本生（局部）

北两侧，"王鹿对话"成为连接两组情节的交点，以揭露告密者、谴责叛徒为故事的高潮，这也是九色鹿故事的深层内涵。

又如北周第 299、301、438、461 窟出现的《睒子本生》。据佛经说，迦夷国有一对盲人夫妇，膝下有一儿子名睒子，睒子自幼便"至孝仁慈奉行十善"。成年后，睒子随父母进深山修道，"以蒲草为父母作屋施置床褥，不寒不热恒得其宜"。父母饥饿时，便去摘"取百种果蓏"；父母口渴时，便身"着鹿皮衣提瓶行取水"。但有一天，迦夷国王进山狩猎，正遇睒子披着鹿皮衣在溪边汲水，国王拔箭射鹿，误中睒子。睒子死前说自己身命虽然不足惜，只是死后留下衰老且双目失明的父母无人照顾，甚是放心不下。国王为此悔恨不已，要留在山中供养睒子的盲父母。睒子的至孝和国王的仁爱感动了上天，让睒子重生，父母复明。这个故事就表现了孝亲思想和仁爱思想，是佛教故事与中国本土传统伦理思想吻合的故事画，有利于佛教在中国的传播、发展。

人间烟火味的佛传故事画

敦煌壁画中还绘制有不少介绍释迦牟尼一生事迹的故事画，这类故事画简称佛传故事画。相比于本生故事，释迦牟尼佛的今生故事增添了浓浓的人间烟火味，其所经历的一切都让人感到熟悉。这一类故事画更能体现佛教中感化世人、警醒世人的夙愿，敦煌壁画以这种特殊的艺术形式提示着每一位观光者行善事、行好事，具有独特的教化性。

莫高窟现存各时期的佛传故事画共有 37 幅，分布在 27 个洞窟之中。早期的佛传故事画多为单幅画面，如乘象入胎、夜半逾城两个代表性场面。北周时期才出现完整的、连环画式的佛传故事画，如北周第 290 窟的佛传故事画，长 27.5 米，主要内容有：乘象入胎、树下诞生、仙人占相、太子读书、太子比武、掷珠定亲、太子迎亲、出城游观、夜半逾城、树下苦修等，共 80 多个画面，前后衔接，是我国现存早期完整的传记性连环画。

五代、宋时期，佛传故事画则以屏风形式出现，内容也有所增加，如五代第 61 窟南、北、西壁下方屏风画中共描绘了 130 多个场面，在原有故事情节的前后增加了降怨王立城、燃灯佛授记、初转法轮、灵鹫山说法、均分舍利等。这些新内容使佛传故事的内容更为丰富，亦更加中国化了。

北凉第 275 窟南壁所绘壁画讲述了佛传故事"出游四门"。据佛经记载，悉达多太子某日离宫出城东门时，遇见一位发白背驼、目光呆痴、形体羸弱、挂着拐杖一步一颤的老人，便感叹人生由婴儿、童子、少年，到青年、壮年、老年，好比一瞬间的梦境，令人悲伤厌惧。又一日离宫出城南门时，遇见路边有一个病人，身瘦腹大，呼吸急促，手足如枯木，眼里流着泪水，口里不住地呻吟，便感叹人生随时都会有灾难疾病降临，甚是悲哀。后又离宫出城西门时，遇见一出殡队伍，四人扶棺，用车拉着，家人跟随在后号哭送行，于是感叹人生犹如草木。再一日太子出城北门时，遇见一位比丘，身穿袈裟，一手持钵，一手执锡杖，交谈以后，太子感悟到只有远离一切欲念、出家修行才能摆脱人间诸苦。"出游四门"这个故事让每一个人都能联想到自己的人生境遇，遥想自己和他人的未来。

隋代第 397 窟等窟西壁龛顶两侧绘制了乘象入胎、夜半逾城的故事。据佛经记载，一天，摩耶夫人在睡觉时，梦见一位菩萨乘着一头白色的大象从空中而来，从

北凉第 275 窟　出游四门（局部）

她的右肋进入腹部。突然间四周大放光明，普照天下，并有天人散花奏乐。夫人从梦中惊醒后，把这个奇特的梦告诉净饭王。国王也很惊异，不知此梦是否吉祥，于是请来相师占梦。相师占卜说："此梦预示圣神已来府降胎，降生之时，必定会大放光明，同时有天神护持围绕。太子以后，在家当为转轮圣王，统率四方天下，让释迦族光耀；出家学道则当为佛，度脱十方。"

关于"夜半逾城"，据佛经记载，太子29岁那年的四月七日夜里，突然决心离世出家，急命马夫车匿为他备马，白马不忍太子离去，前后跳踏，不愿让太子接近，太子抚拍马背，口说颂偈，才得以上马。骑上白马，离宫而去。此时国中人均

隋代397窟西壁龛顶北侧 乘象入胎

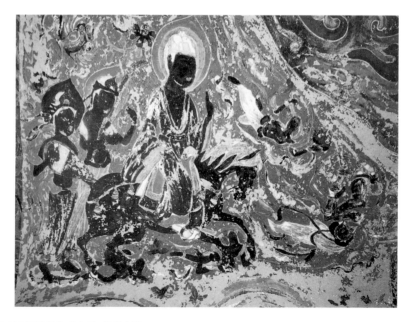

隋代397窟西壁龛顶南侧 夜半逾城

昏睡不醒。为了不使马蹄踏地时发出声响，天神托起马蹄，腾空而起。行至城门，在诸天的帮助下城门无声而开，太子乘犍陟马逾城而出，开始了漫长的苦行生活。

　　这些佛传故事画尽管有一些神化的内容，但生活气息也很浓郁，给人一种亲和感。其目的是通过描绘释迦不同常人的超凡事迹，突显他不慕世荣、不重名位、坚持出家的行为，从而教化众生，引渡世人。

敦煌壁画中的众佛形象

　　我国的佛像最早可追溯到东汉末年。彼时的佛学文化还不太成熟，所以往往只是按照一般的神仙形象来塑造佛像，姿态、衣纹的刻画手段与两汉画像相似。南北朝时期，石窟造像制作水平进入了有史以来的第一个高峰。唐朝佛教逐渐产生宗派。佛像较为注重内在的智慧力量，外在形象依旧是螺发、白毫肉髻的神圣特征，面相圆润丰腴，表情庄严静穆，比之前的壁画更有亲近感。

　　敦煌壁画中有神灵形象（佛、菩萨等）和俗人形象（供养人和故事画中的人物之分，这两类形象都来源于现实生活）。从造型上说，俗人形象富于生活气息，时代特点也表现得更鲜明；而神灵形象则变化较少，想象和夸张成分较多。从衣冠服饰上说，俗人多为中原汉装，神灵则多保持异国衣冠；晕染法也不一样，画俗人多采用中原晕染法，神灵则多为西域凹凸法。所有这些又都随着时代的不同而不断变化。

　　佛像画是敦煌壁画的主要部分，其中包括各种佛像（三世佛、七世佛、释迦、多宝佛、贤劫千佛等）；菩萨（文殊、普贤、观音、势至等）；天龙八部（天王、龙王、夜叉、飞天、阿修罗、迦楼罗、紧那罗、大蟒神）。这些佛像大都画在说法图中。仅莫高窟壁画中的说法图就有933幅，各种神态各异的佛像12208身。

弥勒：给人们希望的未来佛

　　据佛经记载，作为释迦牟尼的大弟子，弥勒在佛学上有着很高的造诣，深受释迦牟尼的器重，还被指定为释迦牟尼的接班人，即预言弥勒将在很多很多年后出世成为未来佛。被指定为释迦牟尼的接班人后，弥勒便先于释迦佛入灭，离开人间，

隋代第 417 窟后部平顶 弥勒授记

生于兜率天内院。因为他将到人间继释迦之后成佛，所以这时的弥勒称为"一生补处菩萨"。

兜率天上有五百万亿天子，天子们以神力造作的宫殿，有七宝大师子座，高四由旬（古印度长度单位，一由旬相当于一只公牛走一天的距离，约11.2公里）。宫殿四角有四宝柱，每一宝柱有百千楼阁。楼阁间有百千天女，色妙无比，手执乐器。弥勒菩萨便在其乐音中于兜率天的内院弘法，教化天众。

敦煌壁画中绘制有不少《弥勒上生经变》，如隋代第419窟后部平顶《弥勒上生经变》，图中所绘的兜率天宫为五间歇山顶殿堂，弥勒菩萨交脚端坐须弥座上，两侧侍立二菩萨、四天王，殿堂外侧起重楼，高四层，内有诸天人作演奏乐器或合十供养状。大殿两侧分别画乘坐龙车的帝释天和乘坐凤车的帝释天妃，周围有飞天、人非人等簇拥随行，表示诸天神前往兜弥勒授记天宫赴会。

隋代第417窟后部平顶的《弥勒授记》还描绘有弥勒授记的内容。画面中，弥勒菩萨裸上身，披巾，着裙，坐于束腰座上，伸手为一信士摩顶授记；信士跪在其前，合十俯首，虔诚授记。

据佛经记载，弥勒下生的世界将风调雨顺，社会秩序稳定，人们丰衣足食。因此，各时期的敦煌壁画《弥勒经变》不仅描绘了阎浮提世界中的一种七收、树上生衣等情节，同时也反映了当时的民俗民情，这些画面都非常生动，具有浓郁的人间生活气息。

榆林窟中唐第25窟《弥勒经变》中"一种七收"的画面：扬场中，一个头梳半翻髻、身穿窄袖衫和束腰长裙、双手拿一长柄扫帚的农妇与一个头裹幞头、身穿缺骻衫、双手持耙的农夫正在打场，场地上空谷粒飞扬。

晚唐第12窟《弥勒经变》"婚礼图"中，一顶帐幕内，有宾客对坐宴饮；帐前铺一地毯，新郎和新娘在上面行礼。只见新郎匍匐于地叩首跪拜，而新娘则站在一旁只是微微欠身作揖而已。这种"男拜女不拜"的拜堂行礼方式，显示了当时妇女的较高地位。

榆林窟中唐第 25 窟北壁　弥勒经变·一种七收

宋代第 454 窟窟顶东坡　弥勒经变·一种七收

晚唐第 12 窟南壁 弥勒经变·婚礼图

敦煌壁画在反映民俗风情的同时，还反映了当时社会的农业生产技术。如宋代第454窟窟顶东坡《弥勒经变》中的"一种七收"图就描绘了一个农民用三脚耧进行播种的情景：种子盛在耧斗中，耧斗与空心的耧脚相通，边行边摇，种子落下，形象生动。

这些描绘《弥勒经变》的画面反映了当时人们的美好愿望，是人们对未来理想世界的憧憬。

阿弥陀佛，西方极乐世界的创造者

阿弥陀佛，代表光明无量，寿命无量。他是西方极乐世界的教主，与观世音菩萨、大势至菩萨合称为"西方三圣"。

据佛经说，过去久远劫世自在王佛住世时，有一国王发无上道心，舍王位出家，名为法藏比丘，在世自在王佛处修行，并发下誓愿，要创建西方极乐净土，度尽婆娑世界受苦受难的众生，成就无可限量的功德。此后，法藏比丘不断积聚功德，愿行圆满，成阿弥陀佛，然后又到西方极乐净土说法。因他能接引念佛人往生"西方净土"，所以又称为"接引佛"。

敦煌壁画对于西方极乐世界有许多生动形象的描绘，如初唐第220窟《西方净土变》中，阿弥陀佛居中坐在莲花座上，观世音、大势至二大菩萨分坐两侧，另外许多大小不一的菩萨或合掌，或捧花。画面中部是绿波浩渺的七宝池，池中盛开各色莲花，七宝池中有许多童子，有的在莲花中合掌端坐，有的在水中嬉戏。宝池上

初唐第 220 窟南壁　西方净土变

方彩云缭绕，化佛腾空，飞天起舞，天花乱坠；宝池下方有两名舞伎在小圆毯上翩然起舞，其两侧还各有一乐队正在演奏各种乐器，一派歌舞升平的欢乐景象！

初唐第322窟北壁的说法图，中央是阿弥陀佛着田相袈裟，结跏趺坐，两手作说法印，佛座下面是七宝水池。两旁二菩萨分别立于水中的大莲花上，右侧的菩萨头戴宝冠，目光下视，身体微微呈S形弯曲，一手上举，一手自然下垂，轻扶飘带。左侧的菩萨同样衣饰华丽，身体修长，面佛而立，飘带仿佛是从她优雅的指间流过。纤长的手指、优雅的动作体现出女性的美。

七宝池中还有六身供养菩萨，有的跪在莲花上，双手捧莲，作供养状；有的斜靠在莲花上，低头仿佛在观鱼，神态闲适；有的盘腿而坐，从容地听佛说法。两侧各有三身持节飞天乘云而下，天空中还飞舞着不弹自鸣的筝、箜篌等天乐，充满了祥和的气氛。

说法图以较多的笔墨来描绘水池和树木，使人有身临其境之感，这一点正预示着唐代经变画境界的形成，画家开始描绘一种佛国世界的景象，而不单是佛和菩萨的形象。

文殊菩萨，五台山化现老人

文殊菩萨是中国佛教的四大菩萨之一，是释迦牟尼佛的左胁侍。在佛教诸菩萨中，文殊菩萨无论智慧还是辩才都是第一，专门职掌智德、证德，象征般若。（般若即佛的智慧），因此有"大智文殊"的美名。文殊菩萨曾经是释迦牟尼佛的"过去本师"，"过去无数诸佛皆文殊弟子"。

初期的大乘佛教中，文殊是最有影响的菩萨之一。文殊信仰随着大乘佛教在中国的传播，特别是《华严经》的流传，到唐代达到了顶峰。佛陀波利潜力前往五台山参拜文殊菩萨的故事——"文殊化现老人"，吸引了更多的人前往五台山巡礼，更使五台山作为文殊菩萨的道场而声名远扬。

敦煌莫高窟五代第61窟西壁《五台山图》就描绘了这个故事。画中绘有一西域

五代第 61 窟西壁 五台山图·文殊化老人　　　　五代第 19 窟西壁 文殊变·文殊化老人

僧人模样的人，身背斗笠，脚蹬麻靴，绑腿，风尘仆仆的样子，双手合十向一位身着白色披风的老人询问。旁边有题记："佛陀波利从罽宾国来，寻台峰，遂见文殊菩萨化老人身，路问其由。"

另外，榆林窟五代第19窟西壁门南《文殊变》中也描绘了这个故事。

救苦救难的观世音菩萨

观世音菩萨，又名观自在、观音等，是四大菩萨之一，也是西方净土世界教主阿弥陀佛座下的上首菩萨，与阿弥陀佛、大势至菩萨，组成"西方三圣"。随着《法华经》的广泛传播，观世音菩萨在中国具有最广泛的信仰。观世音之所以在中国最受人崇拜，主要是佛教宣传其具有帮助众生脱离各种厄难的能力。

如隋代第303窟是最早绘制《观世音菩萨普门品》的洞窟，描绘了人们诵念观世音菩萨名号的情节。

敦煌壁画中菩萨画像数量庞大，以慈悲怡然、饶益有情的形象为人熟知。隋唐

初唐第 57 窟 观世音菩萨

隋代第 303 窟东披 观世音菩萨普门品·脱囚难　　隋代第 303 窟东披 观世音菩萨普门品·脱贼难

以后，敦煌壁画中的观音菩萨形象出现了很多温婉柔美的女性特征，初唐第 57 窟的观世音菩萨，面部白净中透出红润，精致花纹、绚丽色彩的僧祇支着身，婀娜多姿，楚楚动人，柔润的脸庞与身姿将博爱与共的慈悲心和女性的柔和表现得淋漓尽致。

中唐第 172 窟的柳枝观音菩萨腰束长裙，微微侧身立于莲花上，左手提净瓶，右手轻拈杨柳枝，仪态慈悲，清雅俊美。

地藏菩萨：地狱未空，誓不成佛

地，"住处"之意；藏，"含藏"之意。佛经中说，地藏菩萨曾经受释迦佛的嘱咐，在释迦佛圆寂后，至弥勒菩萨成佛之前的无佛时代，发誓要渡尽六道众生，拯救众生脱离诸种苦难烦恼。

　　地藏菩萨也有利益现世一面，如代众生受苦、祛除疾病、满足众生需求等等，但更多的是维系六道、连接生死，是为亡灵超度罪障而解脱六道轮回苦厄的菩萨。为了超度亡魂，解救坠落地狱的亡者，人们祈祷地藏菩萨给予救济帮助，使亡者得到解脱。似乎生者将亡者托付给地藏菩萨后，可以减轻生者的不安和烦恼，得到安宁和慰藉。佛经中还说，只要人们虔诚供养地藏菩萨，定得往生西方极乐世界，从一佛国至一佛国，从一天堂至一天堂，从而消除人们对死后世界的恐惧心理，使生死前后的利益巧妙地结合在一起。这样，地藏菩萨就以连接生死两界而赢得世人的普遍信仰。

　　敦煌壁画中所绘制的"六道轮回图""地狱变"和藏经洞出土绢画"地藏十王图"等画面中，生动形象地描绘了地藏菩萨在地狱中主持审判的场景和亡者在地狱中受苦受难的情景。

藏经洞出土 P.2870 写卷 地藏十王图（局部）

藏经洞出土绢画 地藏十王图 法国吉美博物馆藏 17794 号

维摩诘菩萨，中国文人的偶像

维摩诘，又名"毗摩罗诘"，是早期佛教的著名居士、在家菩萨。据佛经说，维摩诘本来是妙喜国的一位菩萨，曾经成佛，名金粟如来。释迦佛在世时，维摩诘化生来到古印度的毗耶离城，以一位在家的居士身份，辅助释迦佛教化民众。敦煌壁画中描绘了不少维摩诘以居士身份修行的场景。

如五代第61窟东壁《维摩诘经变》中，绘一酒店内有7位酒客坐在长长的酒案两侧对饮作乐，其中有二人打拍板、吹笛而歌。酒店外有一头戴幞头、穿襕衫者正扬袖起舞，为饮者助兴。旁侧维摩诘头戴软帽，手执羽扇，面向外侧，似乎不屑一顾。旁侧另有三位僧人则在聚精会神地观看舞蹈。这幅画就是佛经中对维摩诘"入诸酒肆，能立其志"的描绘。

佛经中说维摩诘"若至博弈戏处，辄以度人"，敦煌壁画中便据此描绘了这一场景。如莫高窟宋代第454窟东壁《维摩诘经变》中，绘一矮桌上布棋盘，矮桌两侧各坐一人，均以右手正欲布子，显示双方正在激烈鏖战；画面右侧绘维摩居士旁观。

初唐第220窟东壁《维摩诘经变》中描绘的则是维摩诘"入诸学堂，诱开童蒙"的故事。学堂中，一位老师捧着书卷坐在炕上，前面维摩诘左手挥麈尾，右手举起，正在与老师激烈辩论。还有四个学生手捧书卷，其中两个专心读书，另两个在看老师与维摩诘辩论。

晚唐第9窟北壁《维摩诘经变》描绘的是"入诸淫舍，示欲之过"。一妓院，几个花枝招展的女子或迎客，或陪酒，而有几个男人或进院，或围桌喝酒。

又如五代第61窟东壁《维摩诘经变》中，一座陵园，两位男子合十，并列立于陵园之中，这是表现佛经中所说的"是身如丘井，为老所逼"。陵园墙外画一口井，即"丘井"。丘井，生死的意思。这是象征人生难免一死。

第61窟《维摩诘经变》中，绘一轮红日，红日中有三足鸟。旁侧祥云上有身穿短裤的两人，手舞足蹈。云下跪着一人，裸上身。红日下部站着维摩诘。这是表现

五代第 61 窟东壁 维摩诘经变·酒店

宋代第 454 窟东壁 维摩诘经变·弈棋

晚唐第 9 窟北壁　维摩诘经变·妓院

佛经中所说的"是身如梦，为虚妄见"，"是身如浮云，须臾变灭"。

正是这样一个居家入俗又脱俗的维摩诘居士，一直都是中国文人的榜样、楷模、偶像。魏晋时期，诗人谢灵运就要求死后将自己美须"施为南海祇洹寺维摩诘须"。到了唐代，诗人李白自诩为维摩诘转世；杜甫则把自己比作东晋清谈名士许询，渴望和名僧支遁一起探讨《维摩诘经》；王维更是干脆，名维，字摩诘。

敦煌壁画中的供养人画像

　　敦煌壁画中保存有大量的供养人画像。所谓供养人，就是信仰佛教、为之出资出力、开窟造像的施主和捐助者。这些开窟造像的施主和捐助者，为了虔诚奉佛，也为了留名后世，显示自己和家族的名望，在开窟造像时，他们会在洞窟里画上自己和家族亲眷、部下属僚以及侍从奴仆的肖像。在印度、中亚以及中国各地的佛教石窟中，供养人像都是一种很常见的现象。敦煌壁画和敦煌文献中不仅留下了他们的画像，还留下了他们的发愿文和功德记等，从中也可以看到他们的人生观。

　　据统计，敦煌莫高窟目前现存有供养人画像的洞窟有281个，供养人画像超过9000。敦煌壁画中绘制的供养人画像，包括了当时社会各阶层、各民族的佛教信仰者，既有王公大臣、地方官吏、贵族妇人、寺院僧侣，也有戍边将士、庶民百姓、官私奴婢等；既有汉族，也有匈奴族、鲜卑族、吐蕃族、回鹘族、党项族、蒙古族等。从保留下来的大量功德记和发愿文中可以看到，功德主们凿窟造像，绘制壁画，或是为先亡七世父母"征福"，或是为活着的父母眷属及本人祈祷，愿今后"珍除灾障""臻集福庆"，祈望"三农茂实，五稼丰登"，渴求"烽烟不举于三

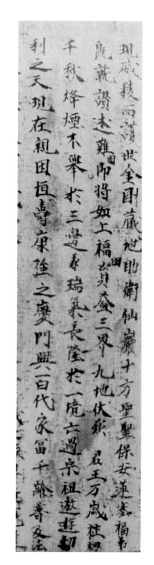

P.2641 莫高窟再修功德记（局部）

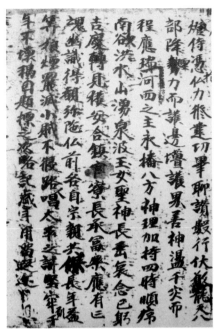
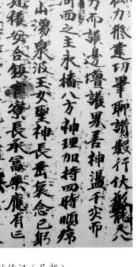

P.3490v 修佛刹功德记（局部）

榆林窟五代第 16 窟甬道南壁 曹议金供养像

边""狼烟罢灭，小贼不侵，路人唱太平之歌"。同时希望死后不堕入地狱受苦受难，能够往生极乐世界，来世"所生之处常遇三宝，得生诸佛利土""齐登正觉"。

在大量的发愿文和功德记中，供养人对现世主要是对天灾人祸的担忧，对来世也主要是对地狱遭受苦难的恐惧，同时也充满对幸福快乐生活的渴望。

因此，有学者说："千佛洞内，最有价值之壁画，并非佛像，实乃供养人像。通过调查，可窥知千年前后之情形，在历史上有重要的价值。"

敦煌壁画中的佛教宇宙观

　　敦煌艺术是佛教艺术，以博大精深的艺术形式向人们宣传、阐述佛教义理。为此，从敦煌壁画中，我们可以看到佛教的宇宙观、人生观、价值观。

　　敦煌壁画中包含的大量典故，反映出当时的社会思想、宗教哲学以及人们的精神世界。

布施与持戒

　　面对人们的贪欲，佛教的修行方法中有两个重要内容，那就是"六度"中的"布施"与"持戒"。

　　六度，又称为六波罗蜜，是六种帮助众生从生死苦恼"此岸"得度到涅槃安乐"彼岸"的修行方法。施舍度悭贪。布施，就是将已经属于自己的东西施舍出去，是牺牲奉献。悭是吝啬，自己有的，舍不得给别人，这是人的贪欲病根。如果能做到把自己的东西给予别人，贪欲就会减少许多，因此布施能度悭贪。

　　敦煌壁画中描绘有很多关于布施的画面。相传古印度拘萨罗国舍卫城富商，波斯匿王的大臣须达为人慈善，因常为孤独的贫贱者施食，故被称为"给孤独长者"。晚唐第9窟南壁《劳度叉斗圣变》描绘了须达他以黄金铺地的代价，购得祇陀太子的园地，建祇树给孤独园，布施给释迦作弘布佛教的场所。据说，释迦牟尼在此地说法25年。此精舍也与王舍城的竹林精舍并称为佛教最早的两大精舍。

　　北周第428窟东壁《须达拿太子本生》，描绘了古印度叶波国太子须达拿乐善好施的故事。他将百战百胜的国宝白象慷慨施与被敌国收买的婆罗门，使得国王大怒而被驱逐出国，随后他一路上又陆续将马、车、衣物等施舍给乞讨者。他在深山隐居

晚唐第 9 窟南壁 劳度叉斗圣变·金砖铺园

晚唐第 9 窟南壁 劳度叉斗圣变·须达买园建精舍

北周第428窟东壁 须达拿太子本生·施象

修行时，乘妻子不在，又将自己的两个孩子用绳索捆缚施舍给婆罗门为奴仆。最后婆罗门把孩子带到叶波国去卖，被国王知悉，将孙儿赎回，并迎太子回国。

给孤独长者和须达拿的布施行为属于财施，而莫高窟北凉第275窟北壁所描绘的"割肉贸鸽""月光王施头""快目王施眼"和北魏第254窟南壁的"舍身饲虎"等布施行为则属于无畏施和法施。

佛教宣传，施出的愈多，获得愈多。须达拿太子将一切慷慨布施后，感动了上天，不仅使太子全家团聚，也感化了敌国，遣使送还宝象，两国结好，太子还由此成了佛。北凉第275窟"割肉贸鸽"故事中，尸毗王为了拯救鸽子，不惜割下自己身上的肉，而此行为使天地震动，天神以神通力使尸毗王身体复原完好。"快目王施眼"故事中，快目王将自己的双眼挖出，施与敌国间谍后，眼眶里又长出了更加明亮、美丽的眼珠。

持戒，是对贪欲的一种自我约束。人生最强大的敌人是"贪嗔痴"，需要佛法的"戒定慧"三学才能降伏。其中的戒，是指一种有道德的、有规范的、无害他人的生活行为标准，借此斩断因为沾染喜爱外物而生起的执着贪心。

敦煌壁画中有不少与持戒有关的画面。如初唐第323窟东壁北侧戒律画描绘的内容（不礼敬婆罗门居士、不听美女音声、不视美妇女色、不食珍馐美味、不嗅诸种香味等）和东壁南侧戒律画描绘的内容（拒受衣裳、拒受食品等），都是针对僧侣的禁令，告诫僧侣要严守清规戒律。

北凉第 275 窟北壁　月光王施头

初唐第 323 窟东壁北侧 戒律图　　　　初唐第 323 窟东壁南侧 戒律图

六道轮回，运动不息

六道，又称六趣，是佛教世界观用语，指凡俗众生因善恶业因而流转轮回的六种世界。六道可分为三善道、三恶道。三善道为天道、人间道、阿修罗道；三恶道为畜生道、饿鬼道、地狱道。

榆林窟五代第 19 窟南壁所绘的《六道轮回图》（残），详尽描绘了佛教的因果轮回观念，画面中以圆轮的形式描绘"天""人""阿修罗""地狱""饿鬼""畜生"生死轮回的过程以及与善恶业之间的因果关系等。

画面顶部是一个无常大鬼的头部，三眼，大口，两手作抱轮状。生死轮共绘了五个圈，以轮毂为中心，第一圈正中绘佛像，下部三幅画面，按佛典应绘鸽、蛇、猪，代表三毒贪、嗔、痴，画面模糊，只残存一女性形象，代表着三毒中的某一种。第二圈绘畜生道、饿鬼道、人间道和天道等内容。第三圈绘人趣、天趣、旁生趣等内容。第四圈绘一串套筒，从"天道"开始，反时针方向依次绘：人头人尾、人头畜尾（天道）、狼头人尾、牛头畜尾，狮头畜尾（修罗道），禽头畜尾，畜头蛇

榆林窟五代第19窟前室甬道南壁　六道轮回图（残）

尾（畜牲道）等，表示生死受胎像，以头示生所属，以尾示亡所属，反映轮回转生的情景。最外即第五圈依次绘"十二因缘"中"无明、行、识、名色、六处、触、受、爱、取、有、生、老死"等人生彼此互为条件或互为因果的十二个环节。

　　"六道轮回图"通俗地阐述了佛教轮回思想，是佛教人生观的形象化表述。它以具体可视的形象，阐述了佛教因果论、因缘说、业力说的基本教义。轮回报应理论破除了"人固有一死""人死不能复生"等世俗社会根深蒂固的死亡观念和经验逻辑，它对人类世界的构成方式和生存方式重新作了新颖的划分和大胆的预设。人的生与死的生命过程不再是线性的、暂时的、不可逆转的，而是永无停止的、循环的，就像车轮不停地旋转。

万物皆如梦幻泡影

敦煌壁画中绘制有不少表现橦技活动的画面。如中唐第361窟南壁《金刚经变》、晚唐第156窟北壁《宋国夫人出行图》、晚唐第85窟窟顶东披《楞伽经变》、五代第72窟南壁《刘萨诃因缘变》等壁画中，都有表现橦技活动的画面。

虽然这些《橦技图》描绘的都是当时百戏中的杂技表演，但仔细观看，就会发现这些表现橦技活动的画面可以分为两类：

一类是纯粹娱乐性的百戏表演活动，如晚唐第156窟北壁《宋国夫人出行图》中，一伎人头顶长竿，长竿上有四个孩童，分别在长竿上表演不同的惊险动作；旁边有一手持长竿者作导引指挥，周围还有奏乐和歌舞者。五代第72窟南壁《刘萨诃因缘变》中，则绘的是一伎人头顶一长竿，一儿童在竿顶端做倒立翻转，两侧有或站或立的乐伎正在演奏各种乐器。

另一类是借此表演活动宣扬佛教思想，其表演形式有所不同。如五代第61窟南壁的《楞伽经变》图，画面中有一个三角形帷帐，橦技表演是在帷帐内进行，半遮半掩。帷帐外侧有一人双手做指挥导引状，犹似在做魔术表演；另外还有几位乐伎在一旁做演奏状。其他类似图的还有中唐第361窟南壁《金刚经变》、晚唐第138窟南壁《金刚经变》、晚唐第85窟窟顶东披《楞伽经变》、宋代第55窟窟顶东披《楞伽经变》等壁画中的《橦技图》。

这是一种将橦技和魔术结合在一起的表演形式。三角形帷帐起遮挡作用，里面的橦技表演在帷帐外指挥者的导引下，或升或降，或有或无，表现佛经所说的"凡所有相，皆是虚妄"。

晚唐第85窟《金刚经变》残存墨书榜题："一切有……梦幻泡影，如露亦……是经已……塞、优……"这段榜题是鸠摩罗什译《金刚般若波罗蜜经》中的经文："一切有为法，如梦幻泡影，如露亦如电，应作如是观。佛说是经已。长老须菩提及诸比丘、比丘尼、优婆塞、优婆夷，一切世间天、人、阿修罗，闻佛所说，皆大欢喜。"

晚唐第156窟北壁　宋国夫人出行图·橦技
（段文杰临）

五代第72窟南壁　刘萨诃因缘变·橦技
（史苇湘临）

榜题和经文中前四句偈语是《金刚经》的思想核心。其意思为：一切世间的有为诸法（即因缘和合所生的事物），就像梦境的非真，幻化的无实，水泡的易灭，影子的难存，又如早晨遇日而失的露珠，天空将雨时的闪电，瞬间即灭。应作如是的观照。敦煌壁画《金刚经变》中的《橦技图》，实际上宣扬的便是世界上一切事物皆空幻的思想。

晚唐第85窟、五代第61窟等洞窟《楞伽经变》中的《橦技图》，也是为宣传佛教的"世界万有皆由心所造"的思想。第85窟《楞伽经变》的榜题和佛经中即云："大慧，譬如幻师以幻术力，依草木瓦石幻作众生若干色像，令其见者种种分别，皆无真实。大慧，此亦如是。"

由于相关的佛经思想深奥，一般人很难理解其本来含义。为此唐宋时期的佛教信徒不仅通过绘画的形式，在壁画《金刚经变》和《楞伽经变》中描绘橦技活动，借此比喻宇宙万物都虚幻不实，如梦幻泡影，实相者则是非相，同时还编写了便于传唱、通俗易懂的讲经文，即敦煌变文，来阐述、弘扬有关思想。

第二章

唯道德不可破

青山绿水的自然观

人与自然的关系，首先是人和周边环境的关系。从敦煌文献中可以看到，古人非常注重周边自然环境的情况。

如敦煌遗书（又称敦煌六献，敦煌文书，是对1900年发现于敦煌莫高窟第17号洞窟中的一批书籍的总称，是敦煌所出的4—11世纪的古写本及印本。）P.3608《大唐陇西李氏莫高窟修功德记》中，便用了大量文字介绍洞窟的周边环境："敦煌之东南，有山曰三危。结积阴之气，坤为德；成凝质之形，艮为象。峻嶒千峰，磅礴万里。呀豁中绝，块扎相嵌（嵌）。凿为灵龛，上下云矗。构以飞阁，南北霞连。

盛唐第 217 窟南壁 化城喻品

依然地居，杳出人境。圣灯时照，一川星悬。神钟乍鸣，四山雷发。灵仙贵物，往往而在……云雾生于户牖，雷霆走于阶陛。"

又如 P.4640《沙州释门索法律窟铭》也记载了："玉塞敦煌，镇神沙而白净；三危黑秀，刺石壁而泉飞。一带长河，泛泾波而派润；渥洼小海，献天骥之龙媒。瑞草秀七净之莲台，行云呈五色之佳气……溪芳忍草，林秀觉花。贞松垂万岁之藤萝，桂树吐千春之媚色。"

这些功德记虽然在文字上运用了夸张、比喻等修辞手法，但记载了当时莫高窟及敦煌地区的自然环境状况，同时也是现实环境与理想环境的有机结合，反映了洞窟窟主所追求的自然环境观。

敦煌文献中还反映了窟主希望与各种野生动物同行并友好相处的愿望，如 P.3608《大唐陇西李氏莫高窟修功德记》中记载："熊罴启行，鹓鸾陪乘。隐隐轸

宋代第 55 窟南壁　弥勒经变·茅舍

北周第 290 窟窟顶东披　佛传·扫地

初唐第 334 窟西壁龛内　百花卷草边饰

榆林窟第 3 窟西壁南侧　普贤变（局部）

轸，荡谷摇川而至于斯窟也。"应该说这是古人的一种生态环境观。

敦煌壁画，也反映了古人从生存角度考虑的对自然环境的一种理想追求。确切地说，由于古代敦煌人身处荒凉的戈壁沙漠，因此对充满勃勃生机的青山绿水、鸟语花香的自然环境便有一种强烈的偏爱和追求。例如莫高窟盛唐第217窟《法华经变》中，以较大的壁面描绘了一队旅行者，在青山绿水之间乘骡漫游。一路上重峦叠翠，山花铺锦，所表现的是千岩竞秀、万壑争流、流水玲淙、落花翩跹的优美景象。

从敦煌壁画的藻井、平棋、人字披、龛楣、边饰以及人物的头光、背光、服饰等装饰图案中，也可以看到古代敦煌人对花草的喜爱和追求。如敦煌壁画中的花草图案纹样主要有忍冬纹、莲花纹、葡萄纹、石榴纹，以及变形或组合的各式卷草及团花纹等等。

初唐第329窟藻井中方井外四周的莲叶边饰，在白色的衬地上，描绘着波状缠枝、葡萄、莲叶、莲花，缠枝上又绘有小枝叶藤蔓，纹样写实，酷似自然界中的实物。一串串葡萄，果实累累；莲叶宽展、厚重，紧裹着盛开的红色莲花。

初唐第334窟的百花卷草边饰，内层采用莲花、花蕾等组成半团花纹样，外层则以不同角度的花朵及卷瓣莲花叶组成波状缠枝卷草纹；各层之间浮塑金边，贴金箔，闪闪发光。

人类所在的自然环境，不仅仅是指大自然环境，同时也包括人类建造的城市、街道、住宅等生活环境。敦煌壁画也非常注重对住宅周围自然环境的描绘，如五代时期莫高窟第55窟《弥勒经变》中，在反映理想社会"一种七收"的农田附近，描绘了一座清新幽雅的由篱笆圈围的农家小茅舍，风光秀丽。又如榆林窟西夏第3窟《普贤变》中，既描绘有宏伟华丽的重檐殿阁、水榭平台，也描绘有简朴清净、雅趣宜人的竹篱茅舍。画面中山屏树障，草庐错落有致，木桩篱墙，隔绝了人世的喧嚣，透露出恬静、清幽的气氛；茅舍门前的潺潺流水、洗衣晒衣用的石条，充满了浓郁的生活气息。

五代第61窟南壁　法华经变·穷子喻

古人还把干净卫生的环境理想化为一种祥瑞。北周第290窟佛传故事画中有一幅两个持帚者正躬身扫地的画面，表现的是悉达太子出世后，天降32种瑞应中的第二种"二者道巷自净"。

敦煌壁画不仅注重人类自己的居住环境，同时还注意牲畜的饲养环境。如第61窟佛传故事画中，在反映悉达太子降生的"六畜同生五百子"图中，牲畜实行分圈饲养，即各圈分别饲养着马、羊等不同的种群，而这样的饲养方法既可以减少畜群之间的拥挤、争斗等，更重要的是通风和卫生条件好，不易生病和传染疾病。如五代第61窟依据《法华经·穷子喻》所绘的马坊图，一少年穿缺胯衫，正手执铲子在清除马圈中的粪便，这说明当时敦煌地区已有专门饲养管理马群的场所，同时还有专人负责管理、喂养和打扫卫生。显然，这些都是古代敦煌人生活环境的真实写照。

众生皆是亲属的生态观

重视生态环境的生物多样性，保护濒危动物，已是当代人类社会密切关注的问题。在如何对待人类之外的其他动物这个问题上，一两千年前的佛教便曾主动思考、关注，他们将其他动物放在和人类完全平等的位置上去关心和爱护。

凡是到敦煌莫高窟参观过的人，无不被北魏第254窟的两幅壁画震撼过，那就是南壁的《萨埵舍身饲虎图》和北壁的《尸毗王割肉贸鸽图》，甚至有许多小孩子都能讲出这两个故事的大概内容。

这两个故事虽然都很简单，但它在佛教信徒中有很大影响力。它向人们宣传的思想主要有两点，一是尊重对待虎、鹰、鸽子等动物的生命，二是人的生命或生存价值与鸽子等动物平等。

据《旧唐书》记载，唐朝中期，鸟兽等动物曾遭到一场残酷洗劫，原因是韦后和安乐公主喜用珍禽异兽皮毛制作奇异服饰，来满足她们的享乐要求。"中宗女安乐公主，有尚方织成毛裙，合百鸟毛，正看为一色，旁看为一色，日中为一色，影中为一色，百鸟之状，并见裙中。凡造两腰，一献韦氏，计价百万……自安乐公主作毛裙，百官之家多效之。江岭奇禽异兽毛羽，采之殆尽。开元初，姚、宋执政，屡以奢靡为谏，玄宗悉命宫中出奇服，焚之于殿廷，不许士庶服锦绣珠翠之服。自是采捕渐息，风教日淳。"（《旧唐书》卷三十七，中华书局1975年版，第1377页。）后来，唐玄宗果断焚烧奇服，一方面是为了制止奢靡之风，另一方面也是为了防止珍奇鸟兽的灭绝。九色鹿的故事与这段史实很相似，只是时代更早，可见这个故事在环保问题上也同样具有更深远的历史意义。

西魏第 249 窟北披　野猪

西魏第 285 窟东披　射牛图

敦煌壁画也绘有古代敦煌人理想和现实相结合的生态环境，如西魏第249窟窟顶的画面，在山峦间一只母猪带领一群猪崽出来寻食，因为没有受到猛兽的袭击和猎人追捕的威胁，非常逍遥自在。又如西魏第285窟窟顶四披，画有山水树木，其间数十座"结草为庐"的圆券形禅庐。庐内饰以花草，每一座草庐内绘有一位禅定僧。草庐周侧绘麋鹿、黄羊、狐、兔、猪等动物在林间悠闲地游荡。此图一方面表现了僧侣清静澹泊的禅修生活，另一方面表现了人与各种野生动物和谐共处于大自然之中。

究竟应该如何对待人类之外的各种动物？人们的心态一直都是非常矛盾的。敦煌壁画中也有不少猎杀动物的场面，这反映了古代社会和当今社会一样，既有宣传保护动物的行动，同时又有因受利益驱使而捕杀动物的情况。如西魏第285窟窟顶有一幅射牛图，一只野牦牛正被猎人追射，即将毙命，拼命挣扎。又如249窟窟顶画有三只黄羊正被骑着快马的猎人追逐。为了逃命，它们奋力奔驰。其中两只黄羊各有一耳前伸，表示正警惕前方的情况；另一耳则向后伸，表示正听后面猎人的动静。而另外的一只黄羊，似乎更为紧张惊恐，把两只耳朵一起伸向后面，集中全部听觉去听猎人的动静。该窟窟顶还画有一只野牛，因为发现了猎人而惊慌失措，慌忙逃窜；它边跑边回头，其惊恐万分的形象反映了野牛面临死亡时的求生本能，生动表现了人类与动物之间的深刻矛盾。

在保护动物的问题上，现代环保思想宣传的是保护野生动物，尤其是濒危野生动物，而佛教思想主张保护一切动物，甚至是家畜动物，并在此基础上主张不食肉。

如晚唐第85窟窟顶的《楞伽经变》中，坊内架子上用钩子挂满了待售的肉，桌子上下也摆满了肉，显得货色丰富。门前设两张肉案，一张放着一只宰过的整羊，另一张放着肉块，主人正操刀割肉。案下一只狗在啃着骨头，另一只狗则翘首仰望，等待着主人的恩赐。该图像之所以在《楞伽经变》中出现，主要是告诫人们："念肉皆从有命中来，云何而食……在生处观诸众生皆是亲属……是故不应食一切

五代第 61 窟南壁　屠户

晚唐第 85 窟东披　屠户

肉……衢路市肆诸卖肉人，或将犬马人牛等肉，为求利故而贩鬻之，如是杂秽云何可食？"

五代第61窟南壁的《楞伽经变》中，肉案上摆着几块肉，主人正操刀以割。右侧站着一位信徒，似在劝说主人不要杀生，不要卖肉。

佛经《大乘入楞伽经·断食肉品》说："一切众生从无始来，在生死中轮回不息。靡不曾作父母兄弟男女眷属乃至朋友亲爱侍使，易生而不受鸟兽等身。云何于中取之而食？大慧，菩萨摩诃萨。观诸众生同于己身，念肉皆从有命中来，云何而食？……在在生处观诸众生皆是亲属，乃至慈念如一子想，是故不应食一切肉。"（《大正藏》第16册，第623页）

这段经文以轮回学说为基础，强调人类是众生中的一员，与其他生灵都是绝对平等的，因为大家都在生死中轮回不息，所以"观诸众生同于己身""观诸众生皆是亲属"，这是佛教的非常重要的生物生态观，很值得关注。

如何看待生命给予的苦痛

敦煌石窟艺术大多以佛教经典为依据，却也是对百姓现实生活的艺术呈现。从某种意义上来说，延续开凿8个世纪的敦煌石窟，也是对长达8个世纪的社会生活的艺术呈现，反映了当时当地百姓的喜怒哀乐。敦煌壁画中，就有很多关注人类生老病死的壁画，是创作者对生命的思考和关注。

求男得男，求女得女

佛教中的观音信仰之所以在中国受到普遍欢迎，与人们的求子心理需要有关。敦煌壁画中大量的《观音经变》反映了当时善男信女们渴望生儿育女的心愿。盛唐第45窟南壁中绘一戴幞头、着圆领窄袖袍服的男子，双手合十，虔诚祈祷，身后立一男童，榜题云："若有女人，设欲求男，礼拜恭敬观世音菩萨，便生福德智慧之男。"其侧又绘一着上襦下裙披帔子的妇女，身后立一女童，榜题云："设欲求女，便生端正有相之女，宿植德本，众人爱敬。"

儒家传统观念认为"不孝有三，无后为大"。《礼记·昏义》明确说："婚礼者，将合二姓之好，上以事宗庙，而下以继后世也。"因此，子嗣问题对于一个家庭，尤其是对妇女来说，在一定程度上是决定命运的关键。佛教的观音信仰适应了中国民众的需求，也可以说是佛教文化与中国传统观念的融合。

敦煌求子习俗也与佛诞日结合在一起。每年四月八日来莫高窟进香的百姓中，很多人的目的就是求子。如第454窟甬道南壁留下了朝山者求子的题词："四月初八佛圣诞，善男信女求儿男。"又如第138窟甬道北壁有横批："有求必应。"其下有许多求子及得子还愿的题词，其中有一段云："光绪十一年七月初七日，弟子刘天济诚信还愿……十年四月初六求男，十一年四月初旬天赐一男童，乳名千佛宝，大吉大利。"

　　敦煌变文 P.2999《太子成道经一卷》中有一段关于求子风俗的生动描写，经云："净饭大王，为宫中无太子，忧闷寻常不乐……大王问大臣：'如何求得太子？'大臣奏大王曰：'城南满江树下，有一天祀神，善能求恩乞福。往求太子，必合容许。'是时大王排枇銮驾，亲自便往天祀神边……索酒自发愿：'（吟）拨掉乘船过大江，神前倾酒三五瓮。倾倖不为诸余事，男女相兼乞一双。'夫人道：'大王何必多贪，求男是男，求女是女，一双难为求觅。'夫人索酒亲自发愿浇来

盛唐第 45 窟南壁　求男得男　　　　盛唐第 45 窟南壁　求女得女

甚道：'若是得男，神头上伞左转一匝；[若是]得女，神道头上伞盖右转一匝。'便乃浇酒云云：'拨掉乘船过大池，尽情歌舞乐神祇。歌舞不为别余事，伏大王乞箇儿。'其神头上伞盖即[便]左转。"后来果有身孕，生下太子。

敦煌文献中的解梦书里也有很多涉及求子的内容。如此等等，皆反映了唐五代时期敦煌民间的求子习俗。

形变色衰，逝者如斯夫

在经典的佛传故事"出游四门"中，太子分别于东、南、西、北四门遇见老人、病人、死人和比丘，因而感叹人的一生犹如一瞬间的梦境，令人悲伤厌惧。莫高窟北凉第275窟南壁、北周第290窟窟顶人字披、五代第61窟屏风画等洞窟中都绘有太子出游四门遇见老人的画面。

北凉第275窟南壁为了表现悉达多太子出游四门的情景，从西往东绘有四座城楼，在出东门遇见老人的画面中，绘一位白发苍苍的老人双眉紧皱，胡须颤动，抬

北凉第 275 窟　出东门遇见老人

北周第 290 窟人字披　出东门遇见老人

眼望着马上的太子，似在诉说人老之后的各种痛苦；太子眉头微蹙，眼望老人似在倾听，如在思索。

北周第290窟人字披西披的一个画面中，绘一座重檐四阿式顶建筑下，太子骑马出行，顶上有伞盖和扇障，马后有两侍者跟随；马前有一侍者，侍者身后有一弯腰拄杖的老人。

五代第61窟西壁南起第15扇屏风画，画面中部绘太子出城游观，四门外分别绘太子骑马出城时遇见老人、病人、死人和比丘。画面下部绘太子坐在宫殿内曲肘以掌托腮，闷闷不乐。画面中有多条榜题，第一条中书写"太子欲出城东门，是时作瓶天子于街巷前化一老人，伛偻低头，口齿疏缺，须鬓如霜，形容黑皱，喘息速促，乃至行步或倒或扶……"，生动地描写了人老之后的形象。

敦煌藏经洞出土的绢画《出游四门》，图中太子遇见的老人，头戴黑色风帽，身穿白色衣袍，弓背，手柱拐杖，旁侧有榜题："尔时太子出城东门观见老人问因缘时。"

据佛经记载，弥勒之所以出家修行，也是因为"谛观世间五欲过患，众生受苦沉没，长流在大生死，甚可怜愍。自以如是正念，观察苦空无常，不乐在家"，然

藏经洞出土绢画　太子出东门遇见老人

藏经洞出土绢画　太子出南门遇见病人

北魏第254窟南壁　降魔变

榆林窟西夏第 3 窟东壁中央　照镜的魔女

后"剃发出家学道"。

又有过去佛之一的毗婆尸佛，也是因为出门"见老、病人，知世苦恼；又见死人，恋世情灭；及见沙门，廓然大悟"，于是"即剃除须发，服三法衣，出家修道"。莫高窟北周第290窟等洞窟和藏经洞出土绢画中绘有太子出南城门遇见病人的画面。

北魏第254窟南壁东侧的《降魔变》，是佛传故事中的一个重要情节，讲述释迦牟尼在即将得道成佛之时，魔王波旬担心释迦成佛后会阻止自己的行事，于是以美女诱惑释迦，继之以武力威胁。释迦以神通力使美女变成了老丑妇人，魔军亦被降服。画面正中为释迦牟尼结跏趺坐，左手执衣裙，右手作"指地印"，神态泰然，镇定自若。佛陀右侧下部画魔王的三个女儿，着龟兹装，戴宝冠，披大巾，身着半袖外套背子，腰束长裙，正搔首弄姿，企图诱惑释迦。佛陀左侧下面则画三个皱纹满面、头面干瘪、白发覆顶的老太婆，表现释迦毫不动心，将三美女变成了沮丧的三丑妇。这里，美貌与年轻结合在一起，丑容则与老态结合在一起，正如人们常说的"年轻貌美""年老色衰"。

榆林窟西夏第3窟东壁中央所绘制的佛传故事《降魔变》中，其中被释迦以神通力变成老丑妇人的魔女形象颇为特别，是一个正在照镜的魔女。画面中，变成老妪的魔女，老态龙钟，敞胸露怀，双乳下垂，皱纹满面，头发稀落，龇牙咧嘴，面容狰狞丑陋。正在手持铜镜照看的魔女，看到自己在镜中的形象，捶胸哀号，悲叹其容颜已衰，青春一去不复还。

病有所依

在敦煌壁画中，大凡就医或治病的场景画面中，都描绘有病人的家属在一旁侍候，或扶坐，或擦拭，或喂药，竭尽己力照顾病人。

北周第296窟窟顶北披《福田经变》中关于"常施医药疗救众病"的画面中，一年老骨瘦如柴的病人半躺着，腿部有一被褥遮盖，身后有一对年轻男女扶着，老人头部靠在女子的身上，女子一手托着老人的头，一手用布为其揩擦额头。看上去这对年轻男女似是老人的儿子儿媳或女儿女婿，他们正在精心照料年迈的病人。病人前侧另有一男子左手端药，右手用一长勺正往病人嘴里喂药。另外，在女子身后有一人正在用药臼捣制药物。喂药者和捣药者可能是医生和助手，也可能仍然是患者的家人。整个侍奉病人的场景非常真实生动。

隋开皇四年（584年）建造的第302窟窟顶人字披西披《福田经变》也绘有"施医药"这一场景，这幅画分为两组，上组画树荫下一病人裸体躺在席上，胸部被遮挡，有两个穿红衣的女子分别执其左右手，医生正对患者进行诊疗。下组画一羸弱裸体患者由家人扶坐，前面有一医生正在调制药物，病人身后站立一穿红衣的端药女子。

五代第61窟南壁《楞伽经变》中有一幅"治病图"，画面中一屋内有两名患者

北周第 296 窟窟顶北披　喂药

隋代第 302 窟人字披西披　施医药

坐在床上，身后各有一头梳高髻身穿大袖裙襦的女人扶持；另有一头梳双髻的童子正双手端药给一名患者。从形象上看，画面中的两个头梳高髻身穿大袖裙襦的女人应该分别是两个患者的家属，正在病坊里陪伴照顾病人；而端药的童子则可能是在病坊做护理工作的医工。画面中描绘的情景和现代医院住院病房内的情况非常相似，大多数病人都有家属陪伴照顾。

九横死

所谓"横死"，即死于非命。"九横死"，据《药师琉璃光七佛本愿功德经》云："一者若诸有情得病虽轻，然无医药及看病者，设复遇医不授其药，实不应死而便横死。又信世间邪魔外道妖孽之师，妄说祸福便生恐动，心不自正，卜问吉凶，杀诸众生，求神解奏呼召魍魉，请福祈恩，欲冀延年，终不能得。愚迷倒见，遂令横死，入于地狱无有出期。二者横为王法之所诛戮。三者畋猎嬉戏，耽淫嗜酒放逸无度，横为非人夺其精气。四者横为火焚。五者横为水溺。六者横为种种恶兽所噉。七者横堕山崖。八者横为毒药厌祷咒诅起尸鬼等之所中害。九者饥渴所困不得饮食而便横死。"

敦煌壁画中的"九横死图"，表现了当时人们对一些灾难的恐惧。宋代第76窟北壁所绘的"九横死"中，画面中一病人躺卧在床上，一女子身着上襦下裙，站在床头，双手合十，一男子戴幞头，穿袍服，坐在床尾，亦双手合十；二人或在祈祷，或在作咒，或在念经。有学者认为这二人是女巫和男觋，画面表现的是巫医治病的情景。

中唐第231窟北壁所绘"九横死"中，一人正在火团中挣扎，其上方有一猛兽正追赶一人，表现的是"四者横为火焚"和"六者横为种种恶兽所噉"。

中唐第154窟西壁龛内所绘"七者横堕山崖"的情景中，画面下方挥双袖、叉开双腿者即横堕山崖之人，其上方是雷神在云中挥舞雷鼓，表示下面的人正遭雷击。

宋代第 76 窟北壁　因病横死

中唐第 358 窟　初横死

藏经洞绢画　九横死（局部）

宋代第 76 窟北壁　为毒药所中死

有些内容不宜全部表现的，如宋代第76窟在表现"八者横为毒药厌祷咒诅起尸鬼等之所中害"时，只表现了其中的"为毒药所害"。画面中一戴幞头者与一外道坐在地毯上，中间放一药包，戴幞头者左手平置胸前，右手作摇摆状，表示不为所惑；旁有一人站立两手合十；画面榜题为"八者不为毒药所中死"。

第148窟之画面为一张低床上坐着一位病人，床前站一妇女，面对患者，一赤膊男子在手舞足蹈，他周围的地面上插着小旗模样之物，另有一妇女弹琵琶为他伴奏。中唐第358窟则绘患者面前为一"马面"人物骑在毛驴身上、驴站在小方台上，也是作舞蹈状。这两个场景即经文"初横"中所说"信世间邪魔外道"，反映了民间所谓"疗病""跳神"之俗。

敦煌藏经洞绢画中所绘"九横死"，画面上方绘一人头戴幞头，身穿红袍，足蹬乌靴，正被两只猛虎追赶；下方绘一人正从山崖往下飘坠，分别绘"六者横为种种恶兽所噉"和"七者横堕山崖"。

佛经与壁画中描绘的"九横死"，其意义类似于现代的一些警示片。

临终关怀，安然归隐

临终，是人生中的最后阶段，也是非常重要但往往被人忽视的阶段。不过，随着社会的进步，已经有越来越多的人和社会组织关注"临终关怀"。

佛教非常重视人生的临终阶段，据佛经记载，释迦牟尼佛曾多次宣讲阿弥陀佛的念佛法门，只要"信、愿、行"具足，不分利根、钝根，人人都可以修学。此人临终之时，阿弥陀佛与观世音菩萨、大势至菩萨等前来接引，可以往生西方极乐世界国土。

念佛法门要求念佛人不仅要平常发心念佛、发愿往生西方极乐世界，特别强调念佛人在临终时要保持"信、愿、行"，一心希望往生西方净土，口念阿弥陀佛名号，等盼阿弥陀佛前来迎接。

鼓励临终者念佛，实际上是一种临终关怀。佛教为此还考虑到请善友或眷属在

十恶之人临终之时地狱来迎

藏经洞出土绢画 观无量寿经变（局部）

盛唐第 217 窟北壁　阿弥陀佛与观世音菩萨、大势至菩萨

临终者旁边帮助念佛的方式，用平和的有音乐感和引导性的念佛声音，减轻临终者的痛苦。

　　临终是人生中的最后阶段，也是非常重要的阶段，努力做好对临终者的关怀，应该是每个在世者的职责。

成为什么样的理想人格

　　道德理想不仅受一定的历史条件和社会关系所制约，同时也与社会理想有着密切的联系，而社会理想必然包含着对道德理想的要求，包含着对一定的理想人格的选择标准。

　　那么，所谓佛国社会的理想人格究竟是什么，是否也包含着一定的选择标准呢？如小乘佛教以追求自我解脱的阿罗汉果位为理想人格，大乘佛教则主要以既追求自我解脱、又努力济度众生的菩萨为理想人格。

　　大乘佛教曾特别强调菩萨这一理想人格，如敦煌第158窟壁画《涅槃经变》中，菩萨形象肃穆、端庄，神情中表现对尘世的超脱、鄙弃，罗汉的形象却沉痛哀伤，对尘世甚为留念，以此证明罗汉的修行低于菩萨。

　　这时候，佛教的理想人格主要为菩萨，而菩萨的层次乍看上去，似乎只有一个：只要能将自己和一切众生从苦恼、愚痴中解脱出来，得到究竟安乐、彻底觉悟的人，都叫作菩萨。但是在这个简单的定义里面，却包含着甚为复杂、丰富的层次。

　　《大智度论》云：“诸菩萨二种，若出家若在家。在家菩萨总说在优婆塞优婆夷中，出家菩萨总说在比丘比丘尼中。”明确指出菩萨有两种，一为居家菩萨，二为出家菩萨。这两个概念，具有非常重要的多元化意义。

　　佛典中有一部影响极大的《维摩诘所说经》，里面塑造、宣传的“居家菩萨”维摩诘这一人物，便是中国士大夫们竭力推崇、效仿的理想人格，如唐代诗人王维，不仅言行以维摩诘为楷模，甚至还将自己的字也改为“摩诘”。圣严法师曾评述维摩诘的影响力：“维摩居士，虽处于尘世，却越超于世俗之上，发挥了伟大人

中唐第 158 窟南壁　涅槃经变·菩萨与阿罗汉

格的力量，乃是菩萨身份的典型。他现身说法，振作了在家信者的意志。"（圣严法师《印度佛教史》，福建莆田广化寺印，第158页。）

一般而论，佛教的最高理想人格是佛陀。佛陀的意义是"觉者"或"智者"，是"觉悟的人"，既能自觉，又能觉他，觉行圆满，名为佛，为佛教修行之最高果位，在自己开悟的同时，也能救渡他人，使他人开悟。

最为重要的是，作为最高理想人格的佛陀并不是高不可攀、可望不可即的偶像。《法华经》强调不仅菩萨可以并应该追求成佛，而且阿罗汉乃至人人也可以并应该追求成佛。敦煌第285窟壁画中有一幅《五百强盗成佛图》，便描绘了五百"强盗"被官兵抓捕、剜眼后，大念"南无释迦牟尼佛，阿褥多罗三藐三菩提心"，然后出家修行成佛的故事，即所谓"一切众生，皆有佛性，有佛性者，皆得成佛"。佛教的理想人格与现实紧密相联。

从敦煌艺术中所绘制的尊像画来看，理想人格中最高层次的是过去七佛（毗婆尸佛、尸弃佛、毗舍浮佛、拘留孙佛、拘那含牟尼佛、迦叶佛、释迦牟尼佛），现在佛（释迦牟尼佛），未来佛（弥勒佛），另外还有过去五十三佛、三世三劫千佛等。另外，从空间角度看，以释迦牟尼佛所在的古印度为中心，西方净土有阿弥陀佛，东方净土有药师佛，另外还有东、西、南、北、东南、西南、东北、西北、上、下十方诸佛等。

敦煌佛教艺术中的菩萨形象主要有文殊、普贤、观世音、大势至、地藏、弥勒、日光、月光等有名号的菩萨，以及大量没有名号的胁侍菩萨、听法菩萨、供养菩萨、引路菩萨等。另外，还有居家菩萨维摩诘居士。

敦煌壁画中绘制的佛陀十大弟子便是以追求阿罗汉果为目标。这十大弟子与佛陀最为亲近，常侍奉佛陀的生活起居，都是听闻佛陀声教而证悟的出家弟子，亦即闻佛说四谛法之音声而悟道的人，因此又名声闻，以能断尽烦恼、追求自我解脱为修行目的。佛陀的十大弟子各有其特长，舍利弗智慧第一、目犍连神通第一、摩诃迦叶头陀第一、阿那律天眼第一、须菩提解空第一、富楼那说法第一、迦旃延论义

西魏第 285 窟南壁　五百强盗成佛（局部）

榆林窟五代第 16 窟窟顶南披　千佛（局部）

五代第 6 窟西壁龛内西壁　观音与佛陀的十大弟子

第一、优婆离持律第一、罗睺罗密行第一、阿难陀多闻第一。

　　佛教理想人格的多元化和多层次性，对于佛教的发展有着极其重要的意义。如果没有"横"与"纵"的多元化和多层次性的理想人格，佛教便难以长期发展和拥有众多信众。

"五戒"与"十善"

释迦牟尼创立的佛教之所以能在中国广泛传播，不仅因为其宣扬因果报应等思想适应了中国广大民众的需求，同时其宣扬的"五戒""十善"等道德规范也起了很大的作用。佛教道德规范集中体现在"五戒""十善"上。

所谓"五戒"者：一、不杀生；二、不偷盗；三、不邪淫；四、不妄语；五、不饮酒。

"十善"的内容包括"身三"，即不杀、不盗、不淫；"口四"，即不两舌、不恶口、不妄言、不绮语；"意三"，即不贪、不嗔、不痴。身、口、意代表了行为、语言和思想。"十善"是在"五戒"的基础上，主要多了不贪、不嗔、不痴，其中的"不两舌、不恶口、不妄言、不绮语"，则是"不妄语"的扩展。值得注意的是，"十善"中没有与"不饮酒"有关的内容，这与敦煌壁画和敦煌文献中反映的道德规范非常吻合。

佛教认为，五戒为基本的道德规范，能受持五戒的，可保人身不失（不堕恶道轮回）。再由五戒扩大，即修行"十善"。《佛说睒子经》中记载："奉五戒修行十善。死得生天无入恶道。"十善业与十恶业，各分三品，按其品级上下而成轮回六道：即行上品十善者升天，中品为人，下品成修罗。行上品十恶者入地狱，中品为饿鬼，下品成畜生。故六道众生，皆与人的身口意三业密切相关。

敦煌壁画中绘制有不少与佛教"五戒""十善"有关的壁画。如初唐第323窟东壁门南、门北两侧所画的"戒律画"，画面中均配有榜题，虽然榜题的文字多已模糊不清，但从残存部分可知书写的是一些戒律条文，即是对相关画面的注解。

初唐第 323 窟东壁门北　戒律画

初唐第 323 窟东壁门北　戒律画

初唐第 323 窟东壁门北　戒律画

初唐第 323 窟东壁门北　戒律画

初唐第 323 窟东壁门北　戒律画

初唐第 323 窟东壁门北　戒律画

初唐第 323 窟东壁门北　戒律画

该东壁戒律画共有14个情节，其中门北有8个情节，分别为：

（1）宁碎其身，不受礼拜。画二人一跪一立，向僧人施礼，左一人举手作欲打之状，表现僧人为守戒，也不受诸刹利婆罗门居士恭敬礼拜。

（2）宁刺周身，不染凡音。画一僧人扬手面对四人，四人中二人奏乐，二人舞蹈歌唱，表现僧人为守戒，宁以铁锥周遍刺身，不以染心听好音声。

（3）此处内容不明。

（4）宁挑双目，不视女色。画一妇人及一侍者，表现僧人为守戒，宁以热铁挑其两目，不以染心视他好色。

（5）宁割其舌，不贪美味。画一僧人扬右手，后随一人，面前有一方桌，上置一半圆形物，桌旁立一男一女，表现僧人为守戒，宁以利刀割舌，也不贪著美味。

（6）宁去其鼻，不嗅诸香。画一僧人以手指鼻，对面一人手捧一物，表现僧人为守戒，宁以利刀割去其鼻，不以破戒之心贪嗅诸香。

（7）画一僧人立中间，左右二人张臂作劝阻状，此处内容不明。

（8）宁斩其身，不贪诸触。画一僧人合十而立，面前站立二人，似乎是正在砍杀一人，表现僧人为守戒，宁以利斧斩砍其身，不以破戒之心贪著诸触。

东壁门南绘有6个情节，分别为：

（1）宁铁匝身，不着华服。画三人捧衣物面向一僧人作供养状，表现僧人为守戒，宁以热铁箍身，也不接受他人华丽衣物的供养。

（2）宁吞热丸，不受饮食。画两人奉食物向僧人作供养状。表现僧人为守戒，而不受他人美食的供养。

（3）宁投火海，不纳诸女。画大火之前立一僧人，一侧立两个盛装妇人及一侍者，下又绘一妇人作跪拜状，表现僧人为守戒，宁可身投火坑，终不破戒与诸女而行不净。

（4）宁枕热铁，不享卧具。画一僧人俯卧床上，床前立两人捧卧具拱手施礼，又一人身后有另一张大床。是表现僧人为守戒，宁卧大热铁上，也不睡在华丽大床之上。

初唐第 323 窟东壁门南 戒律画

初唐第 323 窟东壁门南 戒律画

初唐第 323 窟东壁门南 戒律画

初唐第 323 窟东壁门南 戒律画

初唐第 323 窟东壁门南 戒律画

初唐第 323 窟东壁门南 戒律画

（5）宁遭鞭笞，不受医药。画一人于僧人背后捉袈裟举手欲打，僧人前立二人分别施礼和持钵，下又画一人持短棒跪器物前。是表现僧人为守戒，终不敢以毁戒之身而受他人的医药供养。

（6）宁投铁镬，不居屋宅。画两人面向僧人，一人合十施礼，一人用手指右上方房舍。是表现僧人为守戒，宁可投身热铁罐内，也不受他人"豪宅"房舍供养。

据有关学者研究，以上守持戒律的画面，比较全面地表现了《大般涅槃经》里为守戒而发的种种誓愿，是莫高窟最早的告诫僧侣严守清规戒律的宣传画。

利他与利人

　　佛教所宣传的自利利他或自利的道德原则，给人们提供了具有可行性、于己于社会都有利的行为目标。如北周第296窟窟顶北披所绘的《福田经变》，便鼓励人们多做公益事业，宣传"利人可以利己"的伦理思想。佛教宣传的福田思想，是利他的同时也利己。

　　佛经记载，一个人通过"种毫发之德本"，就可以"获无量之福"。也就是只要多行善举，利益社会，就会得到很多的好处。具体的善行是"广施七法"，尽自己所能做的一些对社会有益的事，如植树、修桥、筑路、治病等。《佛说诸德福田经》中对"福田"作了叙述："佛告天帝，复有七法，广施名曰福田。行者得福即生于梵天。何谓为七？一者兴立佛图，僧房堂阁；二者园果浴池，树木清凉；三者常施医药，疗救众病；四者作牢坚船，济度人民；五者安设桥梁，过度羸弱；六者近道作井，渴乏得饮；七者造作圊厕，施便利处。"所谓"福田"，即福之田，指能生长幸福的地方。也就是说，只要对一定的对象布施，就能积聚功德，成就佛果。悲田指一切贫困者，也包括畜生。佛教认为对贫穷孤老乃至饿狗虫蚁救济，也将获"最胜功德"，也符合自利利他原则，是普济于世的思想和行为。

　　北周第296窟窟顶北披所绘的《福田经变》依据佛经内容绘制了6个场面，画面分为两层，一开始就是建造佛图（塔），6个赤裸上身穿犊鼻裤的泥工正在修建一座两层砖塔，一人和泥，两人砌砖，两人送料，一人手执矩尺在扬手指挥。下面正在建造一座小佛堂，庑殿起脊屋顶，下面有砖砌台基，佛堂四周围以栏楯，东西两面各有一身穿袴褶的画工正在挥笔作画，屋顶有一裸上身的泥工，正手接房下另一泥工用长竿递给的泥料，对即将完工的佛堂作最后的修整。旁边是一座围墙环绕的果园，树木葱茏，有3个人正在树下休息。下层画一病人，由二人扶坐，正被喂药，身后有人在用药臼捣制药物。其旁画有一辆卸辕的骆驼车，人畜都在水井边休息，水井的东面有人正在灌饮骡马、喂骆驼，形象描绘了干旱的西北古道上旷路遇井的活跃情景。紧接下层画两个身穿袴褶、头着帕首的骑马并行的北周商人，押着满载商品的驮队正在过桥，桥的另一面迎来一个高鼻深目的西方商人，领着商队在桥头相遇，十分生动地反映了六世纪时丝绸之路上东西交往的风貌。

这幅画虽然没有绘出"船渡"和"造厕"，但却画了一个道旁小精舍。据《福田经》记载，波罗奈国有一长者子，曾在道旁建精舍，接待僧人食宿，由此而得"生天为天帝释，下世为转轮王各三十六次的报应"。这种小精舍也叫福德舍，实为旅舍，专为安歇长途旅客。画面上有一幢楼阁建筑，屋后有围墙环绕，屋内有二人饮酒，一人弹奏琵琶，这一情景反映了旅人在旅舍休息时的闲适，正如北魏温子升的《敦煌乐》中所吟："客从远方来，相随歌且笑，自有敦煌乐，不减安陵调。"

壁画真实反映了人们当时的现实生活，也反映了当时受佛教影响的行善者的思

北周第296窟北披　福田经变

北周第 296 窟窟顶北披　福田经变·喂饮

北周第 296 窟窟顶北披　福田经变·丝路商旅

北周第 296 窟窟顶北披　福田经变·建造房屋

想和行为。这些行善者所施的"七法"，建房、植树、施药、造船、修桥、凿井、盖厕，是具体的、实实在在的付出，得到的则是"无量之福"，体现了佛教宣传的自利利他的道德原则。

善有善报，恶有恶报

因果报应是佛教的重要思想，对于佛教的道德评价有很大的影响。人们常说的"善有善报，恶有恶报"便源于此。

敦煌壁画中绘制有大量宣扬"善有善报，恶有恶报"的故事画，如五代第98窟北壁屏风画中的《贤愚经·善求恶求缘品》。这个佛经故事说，从前有个国家名叫波罗奈，国中有位商主名叫摩诃夜移，他的妻子怀孕以后就变得仁慈和善、性格柔和。她怀孕期满产下一个男孩，形貌端正。父母非常喜爱，就准备美味食物，宴请亲朋好友和众相师一起欢庆，席间他们抱着孩子给大家看，请相师为他起名。相师问道："这个孩子受胎以来有什么祥瑞出现吗？"孩子父亲回答说："受胎以来，他的母亲变得仁慈和善。"相师随即给孩子起名为"善求"。善求长大后，行善积德，仁慈怜悯众生。

商人的妻子后来又怀孕，但性情却变得恶劣。怀孕期满又生下一个男孩，形貌丑陋，又请来相师为他起名。相师问道："这孩子受胎后有何征兆出现？"孩子父亲回答说："他的母亲怀上这孩子以来，性情就变得贪婪恶劣。"相师随即为他起名为"恶求"。恶求长大后，常做恶事，生贪欲，心怀嫉妒。

长大后的善求和恶求想与商人们一起入海寻求宝物，便各自带五百名侍从先后出发。由于路途遥远，众人走到半途，就没有粮食了。断粮七天后大家都快饿死了，善求和商人们虔诚地祈祷神灵，希望能获得救助。他们祈求完毕，在空旷的荒野中，远远出现一棵大树，枝叶繁茂。善求和众人立即奔向大树。来到大树前，又看到大树边还有一眼清泉。

善求和众人又虔诚地祈求树神给予救护，他们的诚意感动了神灵，树神现身，对善求等人说："砍下一个树枝，所需的东西就会出现。"众人听了十分欢喜，便砍下一根树枝，果然有甘美的饮料流出。他们又砍下第二根树枝，树上便出现了种种食物，众人得以饱餐一顿。砍下第三根树枝，出现各种漂亮的衣服，人人都有一身。砍下第四根树枝，出现各种奇珍异宝。人们所想得到的全都得到了。

恶求和他带领的侍从随后也来到这里，他们也用同样的方法，从树上取得所需的饮料、食物、衣服、珍宝等。

可恶求仍不满足，心想："如今取树枝都能得到这么多的好东西，说不定砍倒树身，挖出树根，就能得到更多更好的宝物。"打定主意后，他便命令侍从动手砍伐大树。善求听说后十分气愤，便对恶求说："我们在饥饿困乏、命在旦夕之时，承蒙此树的恩泽，才得以活命。你怎么能有如此歹毒之心，恩将仇报，砍伐这棵有恩之树呢？"

恶求并不听善求的劝告，仍然命令侍从砍树挖根。善求阻止无果，又不忍心看到它被砍伐，只能带着侍从回家去了。

恶求把这棵大树砍倒后，突然从四面八方跑来了五百罗刹鬼，捉住恶求和他的侍从，将他们全部吃掉。珍宝、财物等也随之都消失了。

这个故事将恶求的贪、嗔、痴与善求的不贪、不嗔、不痴进行了鲜明对比，亦正如《大智度论》所说："利益我者生贪欲，违逆我者而生瞋恚，此结使不从智生，从狂惑生，故是名为痴。"恶求的结局也印证了佛教宣传的因果报应"善有善报，恶有恶报"。

佛经中说，古印度波罗奈国有一座仙圣山，山清水秀，林木葱郁，常有佛门僧人在山中修行。山中有一只雄狮，名叫坚誓，全身长着金色的毛，雄伟健壮，勇猛无比，为百兽之王。此狮性情温顺，亲近沙门，凡见身披袈裟者，都跟随前后，枕膝舔足，聆听沙门讲经说法，故一心向善，以草为食。一天，有一猎人进山捕猎，看到金毛狮子的皮毛高贵美丽，心生恶念，贪财重利，思谋猎取金毛狮子的毛皮奉

晚唐第 85 窟南壁 金毛狮子坚誓

献国王，以换取高官厚禄。但他害怕狮子的勇猛，不敢下手，经过几天观察，了解到狮子敬奉沙门的习性，于是他伪装成僧人，身披袈裟，暗藏毒剑，坐在树下，装作修心养道的样子。狮子见到猎人，误以为是沙门，便跟随此沙门而行，还跪卧在他面前。此时，猎人突发毒箭，狮子中箭毒发，临终前想扑上去将猎人撕裂杀死，但又暗自思忖：我若不忍让，咬杀他，就会破坏佛门正法，同他杀生害命的恶行一样，我宁愿舍身去死也不能生此恶念，违背佛理。最终狮子克制住了自己，没有咬杀猎人。猎人阴谋得逞，欣喜万分，剥下金毛狮子的皮，进宫跪献国王。国王看到如此美丽的皮毛十分欢心，问道："狮子力大威猛，你是怎样得到这张狮子皮的？"猎人便把伪装僧人，用毒剑杀害狮子的经过叙述了一遍。国王听后，对猎人用阴恶、狠毒的手段杀害善良的狮子非常愤怒，立即下令将猎人当众斩首。国王带着金毛狮子的皮来到山中，找到狮子的尸骨用香木火化，然后收其骨灰，建塔供养。莫高窟中唐第112窟、晚唐第85窟、五代第98窟等洞窟绘制的《金毛狮子坚誓》壁画讲述的就是这个故事。

这个金毛狮子坚誓的故事既谴责了猎户贪财重利和阴险毒辣的恶行，歌颂了金毛狮子的慈悲心和忍耐心，同时也宣扬了善有善报、恶有恶报的因果报应观念。

北魏第257窟西壁的《鹿王本生》，也是关于佛教道德评价的经典故事。

北魏第 257 窟西壁　鹿王本生

北魏第 257 窟西壁　鹿王本生（局部）

忠君孝亲，仁慈爱民

在古代，百姓是否忠君、爱国、孝亲，君主是否仁慈、爱民，是非常重要的道德评判标准。佛教进入中国后，为了能够顺利地发展传播，必然要吸收本地的文化。因此，敦煌壁画也常常融入忠君爱国等道德观念。

如敦煌百姓结社和开龛造像的目的，便与忠孝思想有关。如《大中九年（855年）某社再立社条》中记载："敦煌一群（郡），礼义之乡，一为圣主，二为建窟之因，三为亡父母近凶就吉。"

敦煌文献《大番故敦煌郡莫高窟阴处士公修功德记》是莫高窟中唐第231窟的造窟功德记，其中记载："岂图恩移旧日，长辞万代之君？事遇此年，屈膝两朝之主。"为此，通过凿窟绘画以明志，在"莫高山为当今圣主及七代凿窟一所，远垂不朽，用记将来"，明确自己造窟是为了"报恩君亲也"。

吐蕃时期，敦煌壁画中出现了大量的《报恩经变》，如第112、154窟北壁、第231窟东壁门南等，共达30多幅。壁画所描绘的内容，主要选择《大方便佛报恩经》中有关忠孝仁义的内容。

据说，《大方便佛报恩经》是汉僧编撰的"伪经"。其实，是否是"真经""伪经"并不重要，重要的是这部经书中所宣传的上报佛恩、中报君亲恩、下报众生恩的思想适应了中国人的需要，是具有中国特色的佛经。

反映忠君爱国、盼望摆脱吐蕃统治、怀念大唐王朝的情感，在敦煌曲子词（唐代敦煌通俗文学中的一类作品，即符合倚声定文、由乐定辞的原则，又托于曲调，能被之管弦发声歌唱）中有更多的流露。P.3911写卷《望江南》记载："敦煌郡，

中唐第112窟北壁 报恩经变

晚唐第 85 窟南壁　报恩经变·阿难乞食

四面六蕃围。生灵苦屈青天见，数年路隔失朝仪，目断望龙墀。新恩降，草木总光辉。若不远仗天威力，河湟必恐陷戎夷，早晚圣人知。"

　　P.3821 写卷《感皇恩二首》云："四海清平遇有年，钤（黔）黎歌圣德，乐相传。修文偃格习农田，钦皇化，雨露盖（溉）无边。瑞气集诸贤，群僚趋玉砌，贺龙颜。礴（磐）石永固寿如山，梯航路，相问贡（共）朝天。""万邦无事减戈铤，四夷来稽首，玉阶[前]。龙楼凤阙著，喜云连。人争唱，福祚比金璿。八水对三川，升平人道泰，帝泽鲜。龙修文罢武，竞题篇。从此后，愿皇帝寿如山。"

　　P.2506 写卷《献忠心二首》云："臣远涉山水，来暮当今。到丹阙，御龙楼。弃毡帐，弓与剑，不归边地。学唐化，礼仪同，沐恩深。见中华好，与舜日同。垂衣

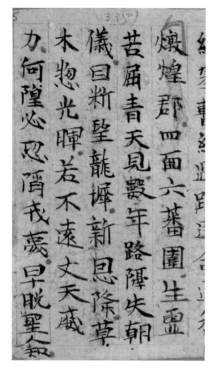

P.3911 写卷　望江南

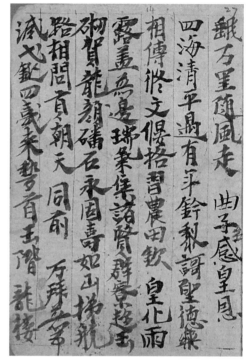

P.3821 写卷　感皇恩二首

理，菊花浓，臣霞方无珍宝，愿公千秋住，感皇泽，垂珠泪，献忠心。""莫却多少云水，直至如今。涉历山阻，意难任。早晚得到唐国里，朝圣明主。望丹阙，步步泪，满衣襟。生死大唐好，喜难任，齐拍手，奏香音，各将向本国里，呈歌舞，愿皇寿，千万岁，献忠心。"

敦煌曲子词中的这些词篇虽然主要以忠君为内容，但也饱含着百姓的爱国感情。敦煌壁画在宣传忠君爱国的同时，还有不少宣传君主仁慈爱民的内容。

如莫高窟北周第299、301、438窟等洞窟中绘制的《睒子本生》人主要讲睒子孝敬双亲，在深山中采果汲水，孝养盲父盲母20余年；同时，也宣传了睒子的忠君思想，说国王狩猎误中睒子，但睒子在临终前并不怨恨国王，只要求国王关照供养自己的父母。国王自责其罪，长跪向睒子悔过，亲自到盲父母草庐前，忏悔谢罪，并遵照睒子遗愿，把二老供养终身。这也宣传了君主仁慈爱民的思想。

古人云："君不正，臣投外国；父不慈，子奔他乡。"因此，在宣传忠君爱国的同时，宣传君王的仁慈爱民也具有非常重要的意义。

第三章 上测天文 下绘地理

《全天星图》和《紫微垣星图》

敦煌藏经洞遗书中保存了大量天文学资料，其中最引人注目的是两幅精美的古代星图：一幅是现藏于英国图书馆的《全天星图》，为 S.3326；另一幅是现藏于敦煌市博物馆藏 076 号（旧编 058 号）的《紫微垣星图》。《全天星图》是世界上现存星数最多，也是最古老的星图。

《全天星图》画在 8 世纪初的一幅长卷写本上。写本前端已残，现存云气图 25 幅，其后是 13 幅星图，前 12 幅依 12 "次" 顺次绘制，各图之后有一小段文字，说明该 "次" 在天区所占赤道距离及其分野等。第 13 幅图为紫微垣星图。星图之后绘一手执弓箭的电神，右书 "电神"，左书 "其解梦及电经一卷"。

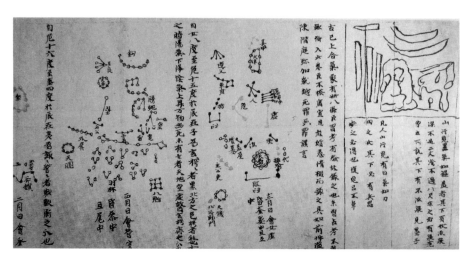

S.3326　全天星图

　　《全天星图》的绘制方法在星图史上是很有特色的。星图对赤道区域的星和对北极附近的星采用两种不同的画法，赤道区域用圆柱投影的方法，从12月开始，按照每月太阳的位置，分12段画出，中间夹有说明文字；北极附近以天际为中心，将球面投影于平面，这种方法类似国外的麦卡托圆筒投影法。麦卡托是荷兰数学家兼地理学家，他在1568年刊印了第一幅《麦卡托投影航海图》。敦煌唐代《全天星图》的出现，证明了中国天文学家使用圆柱投影的时间要比麦卡托早八百多年，可见敦煌星图的画法是相当先进的。直到现代，星图的绘制仍然采用这种方法，所不同的只是现代把南极附近的星绘到另一张星图上。此前的星图有两种画法。一种是以北极为中心，把全天的星投影在一个圆形平面上。这样的画法缺点很大：越靠近南天的星，彼此在图上相距越远，而实际上相距越近。另一种画法是用直角坐标投影，把全天的星绘在所谓的"横图"上，采取这种办法，赤道附近的星与实际情况较为符合，但北极附近的星就会差很远，根本无法汇合到一起。为了克服这两种画法的缺点，需要把天球一分为二：把北极附近的星画在圆图上，把赤道附近的星画在横图上。《全天星图》就是最早按照这种方法绘制的星图。

　　《全天星图》中关于恒星采用了以色分类的画法，把中国古代天文学家石申、甘德、巫咸三家的星区分表示：甘德的星用黑点表示，石申和巫咸的星用橙黄色点加黑圆圈表示。经学者详细考证，认出全图共绘1359颗星（或曰1332颗），影括了当时北半球肉眼所能见到的大部分恒星。欧洲各国在望远镜发明以前，始终没有超过1022颗星的星图。因而，敦煌星图被公认为世界上现存星图中最古老的一幅，也是星数最多的一幅。我国古代天文学家在当时的条件下何以能观测到这样多的星，至今仍是一个难解的谜。

　　这幅星图很早以前就引起国内外学者的重视，英国著名的中国科技史学家李约瑟博士就曾对敦煌星图给予高度评价，称其为"一切文明古国流传下来的星图中最古老的一种"。他在将中国和欧洲古代各种星图进行对比之后说："欧洲在文艺复兴以前可以和中国天图制图传统相提并论的东西，可以说很少，甚至简直就没有。"

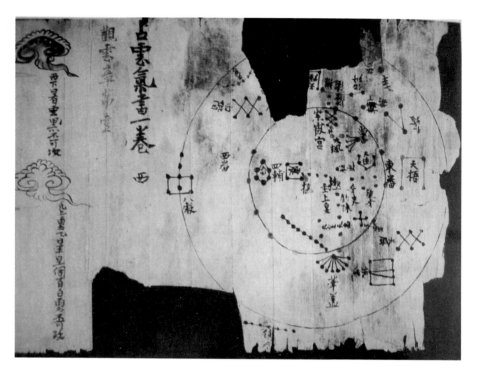

《紫微垣星图》

　　《紫微垣星图》现藏敦煌市博物馆，卷长近3米，正面为《唐人写地志》，卷背写《占云气书》，在《占云气书》前面绘《紫微垣星图》。图中将紫微垣诸星绘在直径分别为26厘米和13厘米两个同心圆内，内圆把紫微垣的东蕃和西蕃连接起来。以黑色圆点表示甘德的星，红点表示石申和巫咸的星。星官共32个，星数137个。由于紫微垣星图中有西蕃、东蕃这些标示方向的文字，由此可以推知本图为左西、右东、上南、下北。这和人们仰视星空的情形是一致的。这幅星图标绘细致，并绘出上规（内规）圆圈，据此可推测出它的观测地点和年代。据考证，这幅星图观测地点的地理纬度为北纬35度左右，相当于西安、洛阳一带。

　　敦煌星图在世界天文学史上占有十分重要的地位。西方科技史家蒂勒、布朗等都认为："从中世纪直到14世纪末，除中国星图以外，再也举不出别的星图了。"

　　另外，P.2512《二十八宿次位经和三家星经》《玄像诗》也是非常重要的天文著作，其中《玄像诗》非常值得关注。《玄像诗》全篇五言为一句，计264句，浅显易懂，是配合"三家星经"（石申、甘德、巫咸三家星官的星经作品）而作，特点是先从角宿开始，分别叙述三家星经，最后三家合在一起总叙"紫微垣"。这是中国现存最早的通俗识星作品，言简意赅，朗朗上口。

敦煌古历日，现存最早最丰富的历书

　　中国历史上，各个朝代都有自己的历书，但因时间久远、实物太少而难寻觅古代历书的发展轨迹。1900年，在敦煌藏经洞发现的古历日开阔了人们的眼界。敦煌遗书中共有古历40余件，最早的是北魏历日，最迟的是北宋历日，主要以唐末、五代、宋初历为主。在我国，除出土的少许汉简记载了内容简单的历谱外，敦煌古历日是现存最早、内容最丰富的古历书。

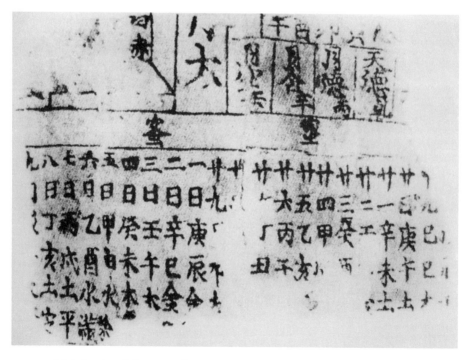

Дx.2880《唐大和八年甲寅岁具注历日》

这些历日文书有中原类和本地编写类两种，其中来自于外地仅仅有5件：《北魏太平真君十一年（450年）十二年（451年）历日》《唐乾符四年丁酉岁（877年）历日》《唐大和八年甲寅岁（834年）具注历日》《唐中和二年（882年）剑南西川成都府樊赏家历日》以及保存有"上都东市大刁家大印"字样而年代不详的历日残片。

藏经洞保存的40余件历日，除少数来自中原王朝和外地外，有35件是敦煌当地自编的，其中最早的是《唐元和三年（808年）戊子岁具注历日》。自古以来，历书都是由封建王朝组织编写，并向全国管辖区颁发的，唐德宗兴元元年（公元784年）以前，敦煌地区使用的一直是唐朝的历书。唐德宗贞元元年（公元785年）吐蕃军队攻占了敦煌，敦煌同唐王朝的联系被割断，象征王权的中央历书无法颁行到这里了。吐蕃使用地支和十二生肖纪年，这不符合汉人干支纪年、纪月、纪日的习惯，也无法满足敦煌汉人日常生活的需要，于是，敦煌地区开始出现当地自编的历书。60余年后，尽管张议潮举义成功，使敦煌重新回到唐王朝的怀抱，但敦煌地区自编历书已成习惯，民间仍继续使用自编历书，这种情况一直延续到宋初，前后达两个世纪之久。敦煌出现了好几位大历学家，最著名的就是翟奉达和翟文进父子俩（也可能是叔侄）。已知翟奉达撰订的历书有《大唐同光四年具注历日》《天成三年戊子岁具历》《天福十年具注历》等。

相对于朝廷颁行的历书，地方历书常被称作小历。敦煌历日的朔日与同一时期的中原历不尽一致，常有一到二日的差别，闰月也很少一致，比中原历或早或晚一两个月。但纪日干支同中原历却十分一致，表明中国占来干支纪日的连续性并未因地方自编历日而中断，反映了当时河西地区特定的历史背景。

敦煌历日中最引人注目的现象，就是最早引入了西方基督教的星期制度。一星期的各日在敦煌历日中都有特定的术语：星期日被称为"密"，从星期一到星期六依次是"奠""云汉""嘀""温没斯""那颉""鸡授"。一般说来，敦煌历日都在正月初一注上星期几，以后的都省略了，或只在星期日注一"密"字，以下由人们推算。

在敦煌40多件历日中，《北魏太平真君十一年（450年）十二年（451年）历日》

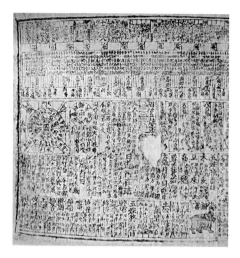

Or.8210 唐僖宗乾符四年具注历日

虽然内容十分简单，却是现存敦煌历日中年代最早的一件，也是现知唯一的北魏历书实物。《唐乾符四年丁酉岁（877年）历日》则是我国现存最早的印刷本历书，也是现存敦煌历书中内容最丰富的一件。

敦煌历日的发现，为研究古代历书的演进发展提供了重要材料，在中国历法史上占有显著的位置。

《沙州都督府图经》，中国现存最早的图经

我国是世界上最早绘制地图的国家之一。传说黄帝之臣史皇，就曾绘过地形物象之图。此后，又有大禹在九鼎之上作九州山川图像的说法。这些传说虽然不是十分可靠，但从中仍然可以了解到我国地图制作源远流长。所谓图经，即是我国古典地图中一种独特的样式，它的特点是有图有经（说明文字），以图为主，以经说图，图与经相辅相成。后来，图经逐渐发展成以经为主，图的作用缩小，南宋以后图经改称地方志。

中国现存最早的图经，是敦煌藏经洞发现的《沙州都督府图经》。这个图经是唐代沙州都督府的档案，是藏经洞出土的地志类文书中保存最完整、规模最宏大的，被伯希和、斯坦因盗走，现分别藏于法国和英国，编号依次是 S.2593、S.0788、P.2005、P.2695、P.5034。这些卷子原是一本，后残损断裂，支离破碎。现图已不存，仅剩说明文字。这本图经编纂于盛唐时期，共 667 行，除了记载行政机关和区城外，还屡述沙州所辖敦煌县、寿昌县的河流、渠道、泉泽、堰坝、道路、祥瑞、歌谣等，叙述详赡，文字典雅，许多记载都未见于他书。图经中所记诸多渠道堰坝对于唐代灌溉制度的研究，驿路驿站对于道路的研究，故城关塞对于古代军事设施的研究，祥瑞怪异对气候变迁的研究等均有重要价值。

尤其珍贵的是，在寿昌县的篇幅中，专列寿昌县所辖播仙镇（今新疆且末县）的地理状况，详载了由播仙镇东通沙州、西通新城、南通吐谷浑及吐蕃境，北通焉耆，东南通萨毗城等的道路状况。特别提及途中有无水草，每处水草地的距离，路况的好坏，行走的难易，道路开闭的季节等。如《沙州都督府图经》中记载："一

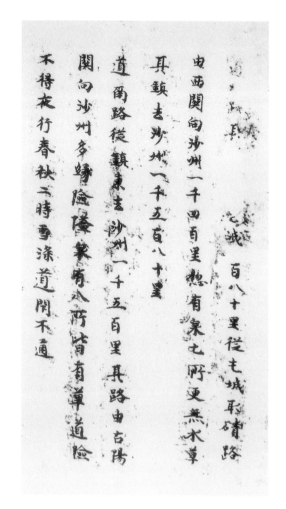

P.5034《沙州都督府图经》

道南路，从镇东去沙州1500里，其道由古阳关向沙州，多缘险隘，泉有八所，皆有草，道险不得夜行，春秋二时雪涤道闭不通。"这些为丝绸之路及沿线环境变迁的研究提供了珍贵的形象资料。

　　除此之外，藏经洞还出土了《西州图经》《沙州城土境》等地方性地志；《瓜沙两郡史事编年》《敦煌录》《敦煌水渠》等地杂文书；《贞元十道录》《地志残卷》

《诸道山河地名要略》等全国性地志 ;《西天路竟》《大唐西域记》《慧超往五天竺国传》《五台山志残卷》等行记。这些图经地志资料，是我们迄今看到的最早的图经原版，比以前流传下来的北宋末年的图经早了整整4个世纪。

《五台山图》，现存最早最大的形象地图

敦煌石窟中不仅保存有《沙州都督府图经》之类的图经地志等文献资料，莫高窟壁画还绘有许多反映山川、河流等地理风貌的图画，以及形象的地理地形图，其中最著名的就是莫高窟五代第61窟西壁的《五台山图》。它是莫高窟壁画中现存最大的一幅壁画，也是我国现存最早最大的形象地图。五台山古名清凉山，在今山西省五台和繁峙两县境内，传说是文殊师利久居的圣山、说法的道场，也是中国佛教四大名山之一。

这幅壁画高3.42米，长13.40米，总面积约45平方米，规模宏大，气势雄伟。

五代第61窟西壁 五台山图（局部）

五代第 61 窟西壁 五台山图（局部）　　　　五代第 61 窟西壁 五台山图（局部）

该图大致可分为两大部分，上部从北往南，北、东、中、西、南五台并峙，各台有一山峰环抱，空中祥云环绕，神迹现化。峰前山间，遍布塔寺庐庵。下部是北起镇州（今河北正定）、南至太原、中经五台县、朝拜中台文殊大殿的两条大道。

图中山峦起伏，五台并峙，川流蜿蜒，道路纵横、城池村镇星罗棋布。其中还穿插了各种佛教感应故事、圣迹、瑞像、仙人赴会、高僧说法、信徒及商贾行旅等人物活动，各色人物栩栩如生。相传，唐朝时，北印度罽宾国人佛陀波利听说文殊菩萨在清凉山，就长途跋涉，经过千山万水，希望能参见文殊菩萨。

唐仪凤元年（676年），佛陀波利抵达五台山，放眼看去，但见林木参天，遍地名花异草，仰头五峰在望，心中感到欣慰，于是五体投地，向着空中朝拜说："我从遥远千里而来，特地前来瞻仰参礼，恳乞大士大慈大悲，使我得见您的圣容，听到您亲口的慈示！"

他一面虔诚礼拜，一面情不自禁地哭泣起来。这时，忽然看到一个老人从山谷中走出，用婆罗门语对他说："你说的心存至道，远访圣迹，可知汉地众生，多造罪孽，出家人犯戒律的多得很，现在印度有一部《佛顶尊胜陀罗尼经》，能够消灭众生很重的罪孽污垢，你带来了吗？"佛陀波利恭敬地答道："我只是一心要来礼拜文殊大士，并没有带这部经来啊！"老人于是说："既然未曾带此经典来，空着手来有什么益处？纵然见到了大士，大士又怎么能知道你的恭敬虔诚？你应当赶快回去，把我说的这部经典带来，让它在中土流传，利益济度众多苦恼众生。到那时，自然会见到文殊菩萨的。"波利听后心喜异常，频频行礼。只一抬头的工夫，老人忽然不见了踪影。于是他认定是神人指路，决心重回印度，求取《佛顶尊胜陀罗尼经》。

波利历经千辛万苦，回到印度取到真经，又经千山万水，于永淳二年（683年）回到长安。当朝皇上知道此事，就派了高僧日照三藏法师和波利合译这部经典。经译好后，佛陀波利留下译本，带着梵文原本去参拜五台山。

佛陀波利进了五台山金刚窟以后，就见到极大的一个光环内正端坐着庄严的文殊大士，他喜出望外，而环顾身边，却发现只有自己一人，同行之人都在外头，于是想招呼他们一同入窟朝圣，可是就在这一转眼间，圣境消失了。随后，波利就在山岩附近找了一个清净之处，坐禅入定。

佛陀波利潜力参拜文殊菩萨的故事吸引了更多的人前往五台山巡礼，文殊信仰也得到更为广泛的传播，《佛顶尊胜陀罗尼经》也因此而风行一时。此外图中所描绘的驮运、铡草、推磨、舂米、饮畜、担挑行路和迎来送往的人物等，真实地反映了当时社会生产活动和人民生活的图景。

据专家考证，此幅巨型《五台山图》是依据唐代五台山的真实地理位置和现实生活所绘制，并非虚构。图中题名的大小寺院、佛塔70余处，如大法华之寺、大佛光之寺、大福圣之寺、大建安之寺、大清凉之寺、大王子之寺、大圣文殊真身殿、万菩萨楼、阿育王瑞像塔等，在史料中都有详细记载。有的佛寺佛塔至今尚存，如唐代大中十一年（857年）建造的佛光寺大殿，以及建于唐建中三年（782年）的南

榆林窟五代第 61 窟西壁 五台山图·文殊化老人

禅寺大殿。"文殊化现老人"的故事，更使五台山作为文殊菩萨的道场更加闻名，香火更旺。

　　《五台山图》中有城池、寺院、佛塔、亭阁、楼台、草庐、店铺等各种建筑199处，桥梁13座；佛与菩萨画像20身，僧俗人物428身，乘骑驼马48匹，运驼13匹；榜题清晰可辨的112方。

　　《五台山图》中绘的寺塔伽蓝、灵异现象，结合《古清凉传》《广清凉传》和敦煌藏经洞所藏的《五台山行纪》看，可以发现《五台山图》是我国最完备的佛教地志和圣迹地图，同时还是一幅五台山地区的历史地图。该图在绘画技巧上采用了散点透视、全景式构图、重彩敷染的手法，是艺术水平十分高超的山水图，也是研究古代绘画、建筑和历史地理的宝贵资料，对我们研究我国9~10世纪佛教情况和社会历史，具有极高的学术价值和艺术价值。

天人合一的《三界九地之图》

敦煌遗书《三界九地之图》原件现存法国巴黎国立图书馆，绘制于公元9世纪至10世纪，是目前世界上最早最完整的佛教三界九地图，也是一幅佛教天人合一图。

《三界九地之图》原件系一竖长卷，从下往上描绘了虚空、风轮、水轮、金轮、地狱、九山八海、四大洲、日宫、月宫、欲界六天、色界十八天、无色界四天等；图像中间或两侧共计书写约1200字的榜题；画面顶端榜题：“三界九地之图”。所谓“三界”，为欲界、色界、无色界；所谓“九地”，为欲界的五趣杂居地。色界的初禅离生喜乐地、二禅定生喜乐地、三禅离喜妙乐地、四禅舍念清静地，无色界的空无边处地、识无边处地、无所有处地、非想非非想处地。

虚空、风轮、水轮、金轮

位于画面最下方的几排条状，一条淡淡的粗犷的笔触以示风轮；风轮下面自然表示的是虚空；风轮上方的波浪状内有一些水纹和水涡，以示水轮；水轮上有两排图案，每排有五个房屋状图案，可能表示金轮。

地狱

地狱位于下部金轮之上，九山八海之下。画面中央是一大庑殿形建筑，屋顶有一对鸱吻。殿前和两侧绘铁门，殿前铁门上横挂一锁，殿两侧铁门上各竖挂一锁，另外绘城墙状的围墙。画面左侧围墙前绘一鬼（已模糊不清），上方竖写榜题“鬼趣”；右侧围墙前绘一马状动物，上方竖写榜题“畜趣”。殿前铁门下方亦绘一大庑殿屋顶，上有鸱吻一对。

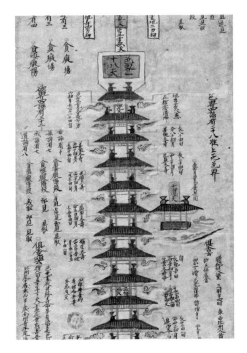

P.2824 三界九地之图之二

九山八海

九山八海位于地狱的上方，图像是以须弥山（亦称"妙高山""苏迷卢山"）为中心，周围绘七圈环状以示逾健达罗山、伊沙驮罗山等七金山，七山之外有一状似围墙的铁围山，七山与铁围山之间绘四大洲（实际只绘出了三大洲）。九山即须弥山、七金山和铁围山，九山之间即八海。

四大洲

四大洲位于七金山与铁围山之间的咸水海内。南瞻部洲绘于画面下方，状如车，其上竖写榜题"南瞻部州"；东胜神洲绘于画面右侧，状半月形，其上竖写榜题"东胜申州"；西牛贺洲绘于画面左侧，状圆月形，其上竖写榜题"西牛俱州"；北俱卢洲被图中须弥山所遮挡，并未绘出。

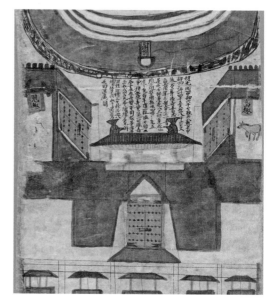

P.2824 三界九地之图之四　　　　P.2824 三界九地之图之五

日宫、月宫

日宫、月宫位于九山八海上方，须弥山山腰左右两侧。日宫在右侧，圆形，内绘一三足乌，其上竖写榜题"日宫"；月宫在左侧，圆形，其上竖写榜题曰"月宫"。日宫右侧竖写一行榜题"日月迷卢半五十一五夜半日没中日出四州等"。

坚守天、持鬘天、恒怀天、四天王天

坚守天、持鬘天、恒怀天、四天王天位于榜题"七金山"之上、"帝释宫"之下的须弥山山脚至山腰之间，在以山形为背景的前面绘四层大庑殿状殿堂，殿堂中间均竖写有榜题，从下往上为"坚守天""持鬘天""恒怀天""四大王天"。

帝释宫、忉利天、圆生树、善法堂

帝释宫、忉利天、圆生树、善法堂位于"四大王天"及"日宫""月宫"上方的须弥山顶。相关画面中央下部绘一大庑殿状宫殿，殿前竖写榜题"帝释宫"，殿前两

侧各绘一山峰。画面上部中央绘两层大庑殿状殿堂，中间竖写两行榜题"忉利天寿命一千/秋身长一里"，下一层殿堂两侧各绘一小殿堂，上一层殿堂右侧绘一树，树后上方竖写榜题"圆生树"，左侧绘一小殿堂，殿堂后上方竖写榜题"善法堂"。

欲界六天

所谓欲界六天，即四天王天、忉利天（三十三天）、夜摩天、兜率天（睹史多天）、化乐天（乐变化天）、他化自在天。其图像位于忉利天等图像之上，为四层大庑殿状殿堂。殿堂中间分别书写榜题"欲界/六天"、"夜魔天寿/命二千岁身/长二里"、"兜率天寿/命四千岁身/长四里"、"欲界五趣/化乐天寿/命八千岁长/长八千八里"、"他化自在/天寿命一万/六千岁长/一十六由旬"。

色界十八天

色界十八天即初禅三天、二禅三天、三禅三天和四禅九天。其图像位于欲界六天之上，计十七层大庑殿状殿堂，另有一层无想天殿堂平行于广果天殿堂，屋顶均有一对鸱吻，殿堂两侧均有云彩。殿堂旁侧亦有十八天的榜题。

无色界四天

无色界位于色界一十八天之上，此图的最顶端。其表现形式比较特殊，只有几条榜题，没有欲界六天和色界十八天所居住的那种大庑殿状殿堂。中间连接色界的一条竖长方框内，分格书写"非想地""无所有""识处天""空处天"。该竖长方框左右两侧又各有一条竖长方框，右侧竖长方框内分格书写"非想地寿命八万劫""六空处地二万劫"，左侧竖长方框内分格书写"无所有地六万劫""七识地寿四万劫"。中间竖长方框之上连接一方框，框内从右往左竖写两条榜题"无色界，有四天"，两条榜题间有分格线，榜题亦有框界。在此方框之上又绘一方框和三角形顶，顶部饰一摩尼宝珠，两侧有波状和云状图案，方框内从右往左竖写两条榜题"三界九地之图"为全图题名。

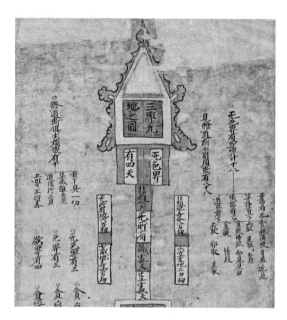

P.2824 三界九地之图之一

P.2824 三界九地之图之六

三界九十八使

使，即烦恼之异名，又谓作随眠。因烦恼紧随于人，系缚三界使不出离，昏滞如眠，故名使和随眠。欲界有三十二使，色界有二十八使，无色界二十八使，思惟门十使，即世界中共有九十八种烦恼。在 P.2824《三界九地之图》中，三界九十八使没有具体的图像，只是将有关榜题分为四部分，书写在全图的上端两侧。

从敦煌遗书 P.2824《三界九地之图》可以清楚地看到，虽然佛教的世界分为欲界、色界、无色界以及五趣杂居地等九地，但所有处所都与人的生存和生活方式相关。由此可见，佛教的三界九地实际上是一种天人合一的世界观的体现。

第四章

壁画里的人间烟火

可以饮酒的敦煌僧尼

在许多人看来，僧人饮酒吃肉，属于违反佛教的清规戒律和道德规范的行为，应该受到谴责。

确实，佛教禁止其信徒饮酒，如"五戒"之第五戒便是"不饮酒戒"。然而在中、晚唐及五代、宋时期，敦煌僧尼却普遍饮酒，被视为正常行为，不仅不会遭受道德谴责，似乎还成为一种习俗、一种时尚。在藏经洞出土文献中，有大量反映寺院酿酒、用酒及僧尼饮酒的账册，详细记载了当时敦煌僧尼的饮酒情况。如S.6452c《壬午年（982年）净土寺常住库酒破历》中就有如下的记载：

1. 僧人饮酒。壬午年三月"廿五日，酒壹斗，大张僧正东窟来，迎用"；四月"二日，酒壹斗，和尚官渠来吃用"；同月"廿八日，酒壹瓮，众僧吃用"。

2. 僧人到酒店饮酒。壬午年正月"十六日，酒壹斗，就店二和尚吃用"；"五月一日，酒壹斗，张僧正、李校（教）授就店吃用"；同月"廿五日，酒式斗，僧正、法律就店吃用"。寺院僧正、法律、教授、和尚等公然出入酒店畅饮，不受呵责，寺院且为之支付酒钱。

3. 寺院内饮酒。壬午年正月"九日，酒五升，二和尚就院吃用"；同月"四日，酒壹斗，二和尚就库门吃用"；六月"十日，酒叁斗，僧正、法律就仓门吃用"；如《壬午年（982年）净土寺常住库酒破历》中记载十月"八日，酒壹斗，李僧正、张僧正、高僧正、索法律等就院吃用"。"就院"谓在寺院，"就库门""就仓门"谓在寺院仓库门房内，由此可见敦煌佛寺之内可以设席饮酒。

4. 节日供酒。壬午年"三月四日，寒食酒一瓮"，此为寺院在寒食节期间为在寺僧人提供的节日酒食。同年七月"十六日，破盆酒两瓮"，此为七月十七日盂兰盆节法会结束时慰劳众僧以及供奉先亡、施食游魂所备酒食，对寺僧来说亦属节日设食。

5. 僧首特供酒。"壬午年正月十一日，酒一瓮，大张僧正打银椀局席用"；二月"十三日，酒一角，李僧正种麦用"；《壬午年（982年）净土寺常住库酒破历》中记载八月廿日"李僧正造后门，博士吃用"。如此等等皆属当寺为僧首提供的特别供给，此种"特供"，一般僧众则无。

6. 迎送、接风酒。如五月三日"酒壹斗，迎少（小）张僧正用"以及"李僧正东窟来，迎用"，"大众东窟来，迎用"，"众法律东窟来，迎用"等。其中有高级僧人，也有一般僧众。

7. 人事往来酒。如二月"廿九日，看刺史，煮酒五升"；七月十四日"酒一瓮，小张僧正看使君用"；十月"十七日，酒壹斗，宋判官家送"（即送宋判官酒）。

S.6452c《壬午年（982年）净土　　　　S.6452b《辛巳年（981年）十二月十二日
寺常住库酒破历》写卷（局部）　　　　周僧正于常住库借贷油面物历》写卷（局部）

另外还有酬劳赏赐酒、立契约用酒、祭拜亡僧用酒、供佛用酒等等。

关于尼众饮酒的记载，如 S.6452b《辛巳年（981年）十二月十二日周僧正于常住库借贷油面物历》记载："廿八日，酒五升，阿师子来吃用。"S.1519《辛亥年（951年）十二月七日后某寺直岁法胜所破油面酒等历》记载：壬子年十二月十二日"又，面式斗，油壹合，酒壹角，两日看造食尼阇梨用"。P.2049v《后唐长兴二年（931年）正月净土寺直岁愿达手下诸色入破历算会牒》记载："粟柒斗，二月二日至六日中间，供缝伞尼阇梨酤（沽）酒用。""阿师子""尼阇梨"都是对尼姑的尊称。可见敦煌当时不但和尚饮酒，尼姑也饮酒。

P.3489《戊辰年正月廿四日旌坊巷女人社条》规定荣生死者纳面壹斗，"或若怠慢者，捉二人后到，罚[酒]壹角；全不来者，罚[酒]半瓮……小人不听上人，罚羯羊一口，酒壹瓮"。该社条中有"录事孔阇梨""虞候安阇梨"等署名，这是女尼加入民间结社以及有关饮酒、罚酒的记载。

其实，敦煌僧尼之所以饮酒，主要是和当地的生活环境以及劳动需要有关。一方面北方地区冬天寒冷，饮酒可以御寒；另一方面大部分僧人都要参加生产劳动，饮酒可以解乏，有助于恢复体力。

如 P.2032v《后晋时期净土寺诸色入破历算会稿》记载："粟壹拾陆硕三斗六升，卧酒沽酒，造钟楼时五月二十三日至六月十三日中间廿一日工匠及众僧搬砂车牛人夫等三时食用。"这里说的是招待造钟楼的工匠等人饮酒，其中特别谈到"众僧"一起参加体力劳动。又载："又后件修硙河（和）众僧用，胡并（饼子）四十，酒半瓮。"又载："面一斗五升，粗面二斗，粟二斗沽酒两件，淘麦僧食用。"又载："粟七斗卧酒，吴僧统看造钟楼博士用。"又载："粟两石叁斗五升卧酒沽酒，钟楼上灰泥看画匠塑匠及众僧三时食用。"这其中的淘麦、修磨子、造钟楼、搬砂以及绘画、塑像等都是体力劳动，让干活累了的劳动者喝酒，显然是为了让疲劳的身体得到一定的恢复。

又如 P.3763v《年代不明净土寺诸色入破历算会稿》记载："粟三斗五升卧酒，

堆园日众僧吃用。粟三斗五升卧酒，烧炭时用……粟贰斗沽酒，尚书安窟檐时将用。……粟一斗四升卧酒，阳孔庄上斫木用。粟一斗沽酒，张乡官庄上斫梁子用。……粟三斗五升卧酒，屈写匠用。粟七斗卧酒，请搬沙车牛用。"烧炭、安窟檐、斫木、书写等也是体力活。人们之所以饮酒，大多是因为干体力活太累了，喝点酒让血液循环，以达到解乏、恢复体力的目的。

　　总而言之，人们的道德规范应该与当时、当地的自然、人文环境相适应。正如《韩非子》所云："世异则事异，事异则备变。"佛教宣扬的"十善"在"五戒"的基础上，增加了"不贪、不嗔、不痴、不两舌、不恶口、不绮语"，减去了"不饮酒"，正说明了时代、环境变了，人们的道德观念和道德规范也随之改变。

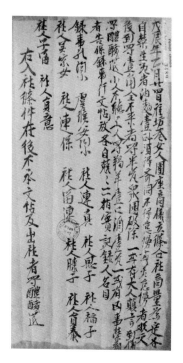

S.1519《辛亥年（951 年）十二月七日后某寺直岁法胜所破油面酒等历》写卷（局部）

P.3489《戊辰年正月廿四日旌坊巷女人社条》写卷

象征地位的帝王官吏服饰

敦煌壁画中帝王官吏的形象很多，除了穿插在大型经变故事画中的人物外，还比较集中地反映在《维摩诘经变》《涅槃经变》和供养人行列中。这些人物的冠服形制有几种：

衮冕，衮服和冕旒，即帝王的礼服和礼帽。《新唐书·车服志》记载："衮冕者，践祚、飨庙、征还、遣将、饮至、加元服、纳后、元日受朝贺、临轩册拜王公之服也。"初唐第220窟、盛唐第103窟的《维摩诘经变》中均有帝王图，人数多，场面大，可以看到比阎立本《帝王图》更复杂的人物衣冠。第220窟中的帝王头戴冕旒，身穿青衣朱裳、曲领、白单衣、蔽膝、大带、大绶，足穿赤舄。衣带上绘日月、星辰、山、龙等十二章纹。冕冠，为一长板状物——"綖"，平置于头顶，"綖"的前半部分为黑色（变色所致），后半部分为石青色；"綖"的前沿下垂六条旒为黑色（变色所致），后沿下垂的六条旒为白色（只画出四条），与《新唐书·车服志》中"垂白珠十二旒"的描述吻合，故此冕冠的綖、旒前后的不同颜色值得关注。壁画中帝王的两足之舄为赤色，白底，笏头。

通天冠，帝王的朝服之一。《宋史》志卷六十九中记载："五月朔，受朝贺于崇元殿，帝服通天冠，绛纱袍。"凡戴此冠，同时必须穿深衣袍，颜色随季节而变化。其形状据《后汉书·舆服志》记载："通天冠，高九寸，正竖，顶少邪却，乃直下为铁卷梁，前有山，展筩为述，乘舆所常服。服衣，深衣制，有袍，随五时色。"西魏第285窟南壁《五百强盗成佛图》中的国王，即穿皂色深衣袍，手挥麈尾，头戴通天冠。其冠高竖，有展筩，有山形装饰，卷拱向后倾斜，即前有博山，

初唐第 220 窟东壁北侧 帝王图

西魏第 285 窟南壁 五百强盗成佛图·国王

后有卷梁，大体与汉晋服制相合。

　　笼冠，也叫武冠、惠文冠，为帝王、贵族、武官之服饰。《晋书·舆服志》云："武冠，一名武弁，一名大冠，一名繁冠，一名建冠，一名笼冠，即古之惠文冠。或曰赵惠文王所造，因以为名。亦云，惠者蟪也，其冠文轻细如蝉翼，故名惠文。"笼冠是南北朝时的主要冠饰，其形制为平顶，两边有耳垂下，戴时罩于冠帻之外，下用丝带束缚。一般以黑漆细纱制成，故又称"漆纱笼冠"。同时还有一种箭子式冠，多限于地位较高的统治者或贵族使用。宋代周密《癸辛杂识》云："宋齐之间，天子燕私多着白高帽，或以白纱，今所画梁武帝像亦然。"西魏第285窟《沙弥守戒自杀品》中长者向国王交纳罚金的画面，国王与长者均在冠帻上加戴白纱笼冠，和文献记载完全吻合。颇为有趣的是，在同一个洞窟中，同样是正在行使

西魏第285南壁 沙弥受戒自杀图·国王和长者

审判长职责的国王，却一个戴通天冠，另一个则戴笼冠。西魏第288窟东壁南侧的
贵族供养人，身穿绛纱袍，头上也是在冠帻上加戴白纱笼冠。

　　长袍、襕衫，古代百官士庶之长服。刘肃《大唐新语》里说："隋代帝王贵臣
多服黄纹绫袍、乌纱帽、九环带、乌皮六合靴，百官常服同于走庶，皆着黄袍及
衫。"此服类似长衫，袖大，不分衣和裳，内充絮以御寒。敦煌壁画中的世俗人物
多此穿着，如隋代第281窟供养人"大都督王文通"，穿窄袖黄袍、幞头、乌皮靴。
唐代第217、323、329、341等窟中许多供养人，均穿窄袖长袍、幞头、乌靴、革带、
持笏。这种服饰到盛唐时期才逐渐被新的形式"襕衫"所代替。所谓"襕衫"，《新
唐书·车服志》里说："中书令马周上议，《礼》无服衫之文，三代之制有深衣。
请加襕、袖、褾、襈为士人之上服。开骻者名曰缺骻衫，庶人服之。"因此，盛唐

盛唐第130窟甬道北壁 晋昌郡太守礼佛图（段文杰 临）

117

以后官吏多着襕衫，如盛唐第130窟所绘晋昌郡太守乐庭瓌，穿浅青襕衫，盘领褒博，袖较大，裙长至脚。

幞头，唐代官吏凡穿袍或襕衫者，均戴幞头。幞头是由汉晋幅巾或者燕巾逐渐演变而来，到北周时代才形成固定形式。《隋书·礼仪志》里说："用全幅皂而向后幞发，俗人谓之幞头。自周武帝裁为四脚，今通于贵贱矣。"如隋代第281窟男供养

五代第108窟甬道北壁　供养人

118

人戴黑幞头，平顶，二脚系脑后，二脚垂额前。马缟《中华古今注》卷中"幞头"条记载，唐初侍中马周作了一番改进，"与罗代绢，又令重系前后，以象二仪，两边各为三撮，取法三才，百官及士庶为常服"。盛唐以后外裹皂罗，头上二脚已不明显，脑后垂脚一般有五六寸，形成幞头基本形式，唯后垂二角形式不一，有软脚、交脚、长脚、展脚、翘脚、硬脚、牛耳等，随时代变化而形式各异。盛唐第45窟北壁"未生怨"和"十六观"故事画中的一些世俗男子，着襕衫、革带、乌靴，头戴长脚幞头，两脚长加带，自头后垂于肩臂。五代第108窟甬道北壁绘张淮庆等供养人像，头戴硬脚幞头，穿圆领大袖赭色汉装，手拿笏板。

各具特色的西北民族服饰

敦煌壁画中绘有匈奴族、鲜卑族、吐蕃族、回鹘族、党项族、蒙古族等各族人物形象，因此为我们保存了大量珍贵的民族服饰图像资料。

卷檐毡帽，由羊毛制成，敦煌壁画中可见3种形式，一种是中央隆起，周边设檐卷而向上，如盛唐第45窟南壁《观音经变》中遇盗之胡商所戴之白毡帽。一种是卷荷形，帽檐为圆形，较宽，向上翘，如中唐第158窟北壁《涅槃经变》"举哀图"中各国王子之一。另一种是半卷形，其形类似魏晋时期的小冠，又形如簸箕，牛舌头，俗称牛舌毡帽。该帽额前卷檐向前伸出，其余向上卷；若遇寒冷风雪时，把卷檐翻下，可以护住脖颈耳朵。西魏第285窟北壁男供养人就戴这种卷檐毡帽。关于毡帽和西北少数民族的关系，慧超《往五天竺国传》中记载："从大食已东，并是胡国，即是安国、曹国、史国、石骡国、米国、康国……衣着叠衫裤等及皮裘……此等胡国，并剪须发，爱着白毡帽子。"唐代刘言史《王中丞宅夜观舞胡腾》诗云："织成蕃帽虚顶尖，细毡胡衫双袖小。"

吐蕃装，即吐蕃族之衣冠。中唐第159、231、237等窟壁画均有吐蕃赞普和侍者的形象。吐蕃的官吏庶民均着左衽长袖缺袴衫，腰束革带，长靿乌靴，辫发束髻于耳侧，项饰瑟瑟珠。赞普（君主）头戴红毡高帽，佩长剑，前有侍者捧香炉，后有侍者张龙首曲柄盖，侍者身佩腰刀。《新唐书·吐蕃传下》记载，赞普"身被素褐，结朝霞冒首，佩金镂剑"。朝霞冒首，即指红毡高帽红如朝霞。《太平寰宇记》谓吐蕃风俗"重汉缯而贵瑟瑟，男女用为首饰""男女皆辫发，毡为裘，赭涂面"。这些记载与图像相符，唯一不同的是，壁画上的吐蕃人颜面色彩与汉人一样，未见

中唐第 158 窟北壁 各国王子

中唐第 159 窟东壁 吐蕃赞普礼佛图 （李其琼 临）

"赭涂面"。据《旧唐书·吐蕃传上》云，贞观年间，文成公主入藏后，"公主恶其人赭面，弄赞令国中权且罢之，自亦释毡裘，袭纨绮，渐慕华风"。壁画中的吐蕃赞普像，绘于革除赭面风俗百年之后，故敦煌壁画中的吐蕃装已如唐人陈陶《陇西行》一诗中所说："自从贵主和亲后，一半胡风似汉家。"但仍具有鲜明的吐蕃服饰特色。

大虫皮，又称全波罗皮，即虎皮，吐蕃武士服装之一。《新唐书·吐蕃传下》谓：吐蕃人在墓丘之旁作屋，"赭涂之，绘白虎，皆房贵人有战功者，生衣其皮，死以旌勇"。初唐第205窟的一身天王塑像，内着绣铠甲，外披虎皮，即大虫皮。中唐第231窟吐蕃赞普礼佛图中赞普身后有一位身穿虎皮上衣、腰系豹皮围裙的侍卫，合于吐蕃着虎豹衣的军制。中唐第144窟供养人题名中有"大虫皮康公之女"记载，这里的大虫皮是指吐蕃官制。

回鹘装，回鹘族妇女衣冠妆。敦煌地区在曹氏归义军时期（五代、北宋），由于曹氏与回鹘数代联姻，故这一时期的敦煌壁画中多有回鹘装供养人画像。这些女供养人画像头束高髻，两鬓抱面，红绢束髻，髻上戴金凤冠，身着翻领小袖，通身红袍，后裾曳地，脚穿平头绣花鞋。与《新五代史·四夷附录》"回鹘妇人总发为髻，高五六寸，以红绢囊之"的记载相符。但出嫁后冠服则略有不同，据同书记载，回鹘妇人"既嫁，则加毡帽"，又据《旧唐书·回鹘传》，谓回鹘可敦（可汗妻）服"通裾大襦，皆茜色"。在五代第100窟中有曹议金夫人回鹘公主穿茜色大袍、头戴毡笠的骑马形象，与文献记载完全吻合。

质孙，又称吕孙、济逊、曳撒、一撒，皆音译之异名，汉意为"一色服"，蒙古族服装之一，是上衣下裳相连的袍式一色服。衣式紧窄，下裳较短，腰间多襞褶，衣肩背之间贯以大珠。郑思肖《心史》

中唐第 231 窟东壁 吐蕃赞普礼佛图侍卫 （李其琼 临）

五代第 98 窟东壁北侧　回鹘公主供养像　　　第 332 窟甬道南壁　男供养人（元代绘）

第 332 窟甬道北壁　女供养人（元代绘）　　　榆林窟西夏第 29 窟南壁东侧　男供养人（武官）

有诗云："鬃笠毡靴搭护衣，金牌骏马走如飞。"此"搭护衣"即"一色服"——"质孙"加"半臂"，是便于乘骑的戎装。如第332窟甬道南壁元代绘蒙古族武士画像，头戴卷檐笠帽，帽后垂巾，窄袖衫外套半臂，肩上饰比肩，脚穿毡靴，即诗中之"鬃笠毡靴搭护衣"。

顾姑冠，也称姑姑、罟罟，蒙古族王公贵族妇女服饰。第332窟甬道北壁元代绘有蒙古贵族妇女像，头戴高帽，其形如瓶，饰一杖，身穿红色大袍，饰以缬花，曳地数尺，后有侍女提携随行，脚穿毡靴。赵珙《蒙鞑备录》说："所衣如中国道服之类，凡诸酋之妻，则有顾姑冠，用铁丝结成，形如竹夫人，长三尺许，用红青锦绣或珠金饰之，其上又有杖一枝，用红青绒饰之；又有纹袖衣，如中国鹤氅，宽长曳地，行则两女奴拽之。"图与文几乎完全吻合。

金贴起云镂冠，西夏武官服饰。榆林窟第29窟有西夏武官形象，头戴金贴起云镂冠，两侧饰翼，身穿圆领窄赭袍，下有横襕，以示下裳，两腹束护髀，腰垂长带，脚蹬乌皮靴。这就是《宋史·夏国传》所述之"武职则冠金贴起云镂冠、银贴间金镂冠、黑漆冠，衣紫旋襕，金涂银束带""垂红缨"，记述与壁画基本相符。

花样繁多的面食

唐五代宋时期，敦煌人的粮食作物主要有麦类、粟、黍、梗米和豆类，其中小麦是最主要的农作物，而小麦在食用前必须要加工成面粉，因此面食是敦煌人最常用的主食。

当时敦煌的面食主要是"饼"，而所谓"饼"，实际上就是"面包类食物"，品种非常之多。在敦煌文献中便发现了多达20余种饼的名称，如胡饼、蒸饼、煎饼、索饼、馅饼、环饼、白饼、馓饼、饦饼、烧饼、炉饼、乳饼、油胡饼、梧桐饼、菜饼、水饼、粘米饼、薄饼、笼饼、渣饼、龙虎蛇饼等等，可谓花样繁多，令人眼花缭乱。

在这些花样繁多的"饼"里面，胡饼是敦煌人最普遍的主食。胡饼又称麻饼、胡麻饼，因原出于胡地，故名胡饼；后赵石勒讳胡字，改称麻饼。白居易诗："胡麻饼样学京都，面脆油香新出炉。"胡饼是当地日常主食，在衙府账目中，所有来往人员及各式工匠的招待，每天都离不了胡饼。如S.1366中记录"八日供造鼓床木匠九人，逐日早上各面一升，午时各胡饼两枚""供缝皮匠八人，逐日早上各面一升，午时各胡饼两枚"。P.2641《丁未年（947年）六月宴设司账目》："（五日）勾当修宅押衙宋迁词等贰人，早上馎饦，午时各胡饼两枚。供九日。"如果是重体力劳动，其供应量就增加到三枚，"（十二日）铁匠史奴奴等贰十人，早上馎饦，午时各胡饼叁枚"。

胡饼也是有档次高低之分的，上层人士吃的是油胡饼子。据P.2641《丁未年（947年）六月宴设司账目》："十九日寿昌迎于阗使……油胡饼子肆百枚，每面贰斗入油壹升""廿日太子迎于阗使油胡饼子壹百枚，每面贰斗入油壹升"。把油直接揉到面里，这种饼子吃起来松软可口。

蒸饼，可能指的就是笼饼，亦即今日之馒头或蒸馍，也是敦煌人的主食之一。据 P.3231《癸酉年至丙子年（973–976年）平康乡官斋籍》记载，蒸饼是僧人举行各种活动时的主要食品之一。蒸饼一般用细面做成，也可以用粗面，如 P.2032(v)《后晋时期净土诸色入破历算会稿》载："粗面贰胜，造蒸饼，女人食用。"敦煌壁画中绘有不少蒸饼的样式，如榆林窟中唐第25窟北壁《弥勒经变》"婚礼图"中的

盛唐第 217 窟南壁 法华经变·斋僧拜塔（欧阳琳 临）

127

宴席上就摆放着一大盘蒸饼。中唐第154窟南壁《药师经变》的"供养斋僧图"中，一女子双手端一大盘蒸饼。五代第61窟西壁《五台山图》中也有香客手端供养蒸饼的画面。盛唐第217窟南壁《法华经变》"斋僧拜塔图"中，宝塔右侧一妇女双手捧一大盘蒸饼，前一男子右手高托一盘大饼；席位前的僧人和俗人面前都摆有大饼、蒸饼和馓子等，其中一位俗人手拿一蒸饼正往嘴里送。画面中的蒸饼形象均与今日之馒头相同。

上述胡饼系烤制，蒸饼顾名思义系蒸制，另外煎饼也顾名思义系煎制。S.3836v《类书》中载有"煎饼"，P.2609《俗务要名林》解曰："煎，煎饼也，资连反。"

油炸的面食有餢飳、馓子等，餢飳又写作䉽䬧。P.3460《辛巳年（921或981年）某寺诸色斛斗破历》载："油贰胜，八日斋时造用。"S.1366《庚午—壬午年间（980-982年）归义军衙内面油破历》记载餢飳的单位是"枚"："廿七日寒食坐（座）设用……胡䉽䬧八百八十六枚。"餢飳是一种油炸饼，俗称油饼子，一般在招待客人或节庆时食用。唐代黄甫枚《三水小牍》："乃令溲面煎油作餢飳，移时乃成。"

馓子，也作撒子，也是一种油炸的面食，又名寒具。S.1366《庚午—壬午年间（980-982年）归义军衙内面油破历》有相关记载。《本草纲目》提到："寒具，即今馓子也。以糯粉和面，入少盐，牵索纽捻成环钏之形，油煎食之。"中唐第154窟南壁《药师经变》"供养斋僧图"、盛唐第217窟南壁《法华经变》"斋僧拜塔图"以及中唐第360窟东壁《维摩诘经变》"方便品"中的桌上都摆有馓子、馒头等。中唐第159窟西壁龛内《药师经变》中桌上为斋僧准备的4种食品：左上胡饼，左下蒸饼，右上馓子，右下餢飳。

古代敦煌的面食除了烤、蒸、煎、炸外，还有水煮的汤面等，如敦煌文献中记载的馎饦。馎饦，是敦煌人常用的早餐，即汤饼。欧阳修《归田录》中记载："汤饼，唐人谓之不托，今俗谓之馎饦矣。"P.3302v《长兴元年（930年）河西都僧统

中唐第 360 窟东壁 维摩诘经变·方便品（欧阳琳 临）

中唐第 159 窟西壁龛内 斋僧食品

依宕泉建龛一所上梁文》记载："海印极甚辛苦，四更便起打钟。调停一镬馎饦，一勺先入喉中。"可见馎饦是一种带汤的面食。《齐民要术》卷九"饼法·水引馎饦法"中亦记述："馎饦，按如大指许，二寸一断，著水盆中浸，宜以手向盆旁挼，使极薄，皆急火逐沸熟煮。"S.3905《唐天复元年辛酉岁一月十八日金光明寺造窟上梁文》云："馎饦空中乱撒，恰似雨点一般。"从以上描述可知，古代的馎饦类似于现今河西地区流行的揪片子、面片子之类的汤面。

另外，古代敦煌的食物还有馄饨、凉面、酿皮子及炒面（一种干粮）等，花样名目繁多，难以尽述。

蔬菜清新瓜果香

　　敦煌人日常食用的蔬菜主要有葫芦、生菜、豇豆、葱、韭菜、萝卜、蔓菁等。从藏经洞出土的敦煌寺院账籍中可以看到，当时寺院的僧人在园间从事垒葫芦架、座葱、掘葱、种韭等劳动，种植的蔬菜除了僧人自己食用外，也会对外出售。如P.3490《辛巳年（921或981年）某寺诸色斛斗破历》记载："面壹斗，园间累葫卢

榆林窟第3窟东壁南侧　千手观音经变中的瓜

架墙众僧食用。""葫卢"即葫芦，来自西域，直到现在河西人仍然将所有的冬瓜、南瓜称作葫芦，并非专指"吊葫芦"。在榆林窟西夏第3窟"踏碓图"中，旁边一个大盆中装有数个南瓜，即葫芦。

生菜，在P.3231《癸酉年至丙子年（974—976年）平康乡官斋籍》中有"生菜头"等记载，说明在较大规模的僧事活动中，"生菜"也是主要蔬菜。"生菜"在当时的敦煌是莴苣属的一种蔬菜，而"莴苣"在P.2609《俗务要名林》中也有记载。

豇豆，S.6233《年代不明（公元9世纪前期）诸色斛斗破历》载："十日，出米一斗五升，江豆升半，屈番教授。""江豆"即"豇豆"的异写，虽称作豆，却当作一种蔬菜食用。

葱、韭菜、萝卜是敦煌人种植较为普遍的蔬菜。如S.6452《净土寺诸色斛斗破历》载："六日掘葱午料白面壹斗。"P.4906《某寺诸色破用历》载："油两合，众僧座葱食用。"P.2838《唐中和四年（884年）正月上座比丘尼体圆等诸色入破历算会牒残卷》载："麦叁斗，油壹升，城南园内种韭斋时用。"S.1267v《僧团法事应纳诸色斛斗数及职事目历》中载："生菜萝卜菜各一斗，椒姜各少多。"S.4687v《诸寺僧众纳粟油饼菜历》载："每人……萝卜根十个。"

蔓菁，"芜菁"《本草纲目》云："芜菁，释名：蔓菁。"蔓菁可能就是今天说的韭菜花。P.3468《驱傩词》载："谷杆大于牛腰，蔓菁贱于马齿。"

另外，在P.4638《清泰肆年（937年）马步都押衙陈某等牒》中记载端午节赠送的礼品有香枣花、苜蓿花、菁苜香根等，说明敦煌也大量栽培苜蓿，而且也用来食用。如S.6981v《某寺诸色斛斗破历》记载："五月廿三日，粟肆斗，至苜蓿园看十乡判官用。"可见当时的敦煌有专门的苜蓿园。其中香枣花可能是现在的沙枣花。

敦煌号称"瓜果之乡"，其中瓜的栽培历史悠久，远在西汉时期就有栽培，东汉时期，敦煌瓜就已作为贡品上贡朝廷。据记载，唐五代时期，敦煌地区的瓜果主要有瓜、葡萄、杏、奈子、桃、枣、梨等。P.3396v《年代不明沙州诸渠诸人瓜园名目》中记载了"僧张成昌瓜园""曹憨子瓜园""杨汉儿瓜园"等50多处的瓜园，有僧人的，有官员的，更多的是一般民众的瓜园。以敦煌当时的人口来计算之，如此多的瓜园所出产的瓜，除了满足敦煌本地人的消费需要和供应东西来往的商客外，剩余也可能制作成瓜干，销往其他地方。

敦煌文献中也有关于买卖瓜的记载，如P.2032v《后晋时代净土寺诸色入破历算会稿》载："豆伍升，买瓜窟上供养用。"

葡萄在敦煌人心目中的地位很重要，葡萄园中结葡萄时人们要举行赛神仪式，如S.1366《使衙油面破历》："雉旧，南沙园结蒲桃赛神细供伍分、胡饼五十枚用。"P.3468《驱傩词》："人无饥色，食加鱼味。有口则皆食蒲萄，欢乐则无人不醉。"

除此之外，杏也是敦煌很常见的水果。P.4640《阴处士碑》载："更有山庄四所，桑杏万株。"虽然记载不免有些夸张，但园中种植为数众多的桑树、杏树是事实。

奈子在当时的敦煌属于较高级的水果，如S.5804《门僧智弁请赐美奈状》中，僧人以诙谐的语言请求参君郎君赐予美奈一颗："门僧智弁：右智弁楼上转念之次，忽闻参君郎君出墭园收奈。谗心望在参君郎君特赐美奈壹颗，生死荣幸……伏望参君特赐美奈壹颗，智弁愿尽驱驰。"S.6981V《某寺诸色斛斗破历》也记载"粟壹斗，下奈子日就园看判官用。"

当时的敦煌还有桃园。P.2032V《后晋时代净土寺诸色入破历算会稿》载："面五

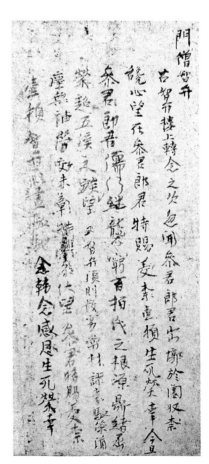

S.5804《门僧智弁请赐美奈状》

升，桃园栽树子日僧食用。"P.2040V《后晋时期净土寺诸色入破历算会稿》记载桃园结桃分配情况："粟叁斗，沽酒，大众下桃来就僧统院分时看判官等用。"

枣也是敦煌比较常见的水果，P.2032V《后晋时代净土寺诸色入破历算会稿》载："白面三胜，园内斫香枣木僧食用""面壹斗，园子送胡兰盆枣与用"。

早在后凉时期，敦煌就出产著名的"同心梨"，为贡品。P.2005《沙州都督府图经》："同心梨，右《后凉录》：吕光麟庆（嘉）元年，燉煌献同心梨。"

另外，P.2609《俗务要名林一卷》中记录了十几种水果名，包括：奈、柑、橘、橙、梨、枇杷、梅、杏、柿、石榴、桃、槟榔、木瓜、樱桃、葡萄、瓜等。

坞堡宅院

　　莫高窟北魏第257窟北壁《须摩提女缘品》壁画中，绘有一座坞堡宅院。宅院三面有城垣围绕，一侧有门楼，院内有堂，堂后有4层望楼，楼后有园，宅院内的门、堂、寝、园的布局一目了然。城墙为赭黄色，似表示土筑；墙顶双线，代表土墙上加筑的女墙。宅第的墙垣上有突出并高于城垣的墩台，上部且向外斜挑而出，上面设施堞及堞眼，这就是"马面"，体现了城墙的防御功能。这个宅院正是魏晋南北朝时期敦煌、嘉峪关一带的坞堡形象。

　　西魏第249窟窟顶西披，在所绘阿修罗身后上部的须弥山顶上，有城一座。该

北魏第257窟北壁　须摩提女缘品·坞堡

西魏第 249 窟窟顶西披　坞堡

城仅绘一面，正中有一门洞，有门框及双扇板门，两侧是高高的城墙，沿墙及转角建了一系列墩台，高于墙体，平面突出于墙外，在墙体和墩台上也施堞及堞眼，形成"马面"的格局。

在嘉峪关魏晋壁画墓里也绘有不少城堡。堡内一般有望楼，有的在旁侧书一"坞"字，表示城堡是坞堡的形象。坞墙高大，坞内中央多建一高楼或高墩，高墙上有阶梯状的雉堞，以便瞭望守护。魏晋时期，北方战乱频繁，地方豪族修筑坞堡自卫。《魏书·释老志》记载，"敦煌地接西域……村坞相属"，即指这种情况。

关于"马面"的功能，宋代沈括《梦溪笔谈》云："延州故丰林县城……其城不甚厚，但马面极长且密。予亲使人步之，马面皆长四丈，相去六七丈。以其马面密则城不须太厚，人力亦难攻也。予曾亲见攻城，若马面长，则可反射城下攻者，兼密则矢石相及，敌人至城下，则四面矢石临之。须使敌人不能到城下，乃为良法。今边城虽厚，而马面极短且疏，若敌人可到城下，则城虽厚，终为危道。"书中的丰林县城，系十六国大夏赫连勃勃所筑。史载赫连氏十分重视筑城，《水经注》

嘉峪关壁画1号墓 坞堡

嘉峪关壁画6号墓 坞堡

所记载赫连所筑的统万城，遗址至今尚存，还留有较完整的马面，是我国现存最早的马面实物。

至于莫高窟北魏第257窟北壁《须摩提女缘品》中马面上部向外挑出的做法，在古代文献和一些旁证实物中也可找到依据，并非画家想象之作。由南朝至唐，马面又名"却敌"。唐代"却敌"的形制，据杜佑《通典》记载："却敌上建堞楼，以版挑出为橹。"这与宋代曾公亮《武经总要》的规定十分吻合："敌楼，此城马面所设。"故宋代马面上的敌楼，就是唐代却敌上的堞楼，名异实一。《武经总要》又云："……敌楼……仍前出三尺……敌楼之制与战棚同。"谈到战棚时又说："楼棚踏空板内，杂出短兵，下刺登者，若登者渐多，则御以狼牙铁拍手，渐攀城则以连枷棒击之。"可知马面上部前挑是为了战时遇到敌人攀城时，可临时揭去前挑之踏空板，下刺敌人。《武经总要》插图就绘出了马面上这种前挑的敌楼，用意正与壁画中所绘吻合。其实，不只是马面，就是在烽火台上也可以作成上部挑出的形式。如新疆库车克孜尔尕哈烽火台，据称是早至西汉的遗存，其台顶四周就有均匀插置的向外挑出一米的木悬梁，便是这种做法的早期遗存。

北魏第257窟北壁《须摩提女缘品》中的坞堡宅院，是当时敦煌地区住宅的真实写照。这座坞壁式住宅，其坞墙筑有马面、堆堞，具有很强的防御性。作为居寝用的高楼则处在前堂和后园之间，位于坞院中部，亦可供四面瞭望之用。西北地区干旱，春夏风沙很大，冬季寒冷，自然条件严酷。因此这种以高大土墙围护的宅院除了具有军事防卫作用外，在防沙御风方面显然有很大优点，所以这种住宅形式一直延续到近代，称为庄寨或堡子、墩子等，分布于甘肃河西地区和青海东部等地区。其大型者内部甚至排列着许多小院，庄墙高大，可登临，有胸墙、射孔、门楼、角台或马面之设，外有壕沟围绕，俨然一座小城。敦煌县城曾经就有不少这样的堡子。

传统风格的中原建筑

敦煌艺术在接受西域文化影响的同时，也接受中原文化的影响。这在盛唐第217窟反映得最为明显，不仅南壁《法华经变》的画面中段出现了汉式和西域式两种不同建筑风格的民居宅院，而且与南壁《法华经变》画面西侧的西域式城堡相对应，北壁《观无量寿经变》画面西侧"未生怨"中出现了来自中原的汉式宫城。"未生怨"中所绘的宫城，不仅城楼屋顶建筑为中原传统的四阿顶或歇山顶，以及木结构斗拱等，最令建筑学家关注的是该城楼和门道顶之间出现了一个特殊的夹层。这

盛唐第 217 窟北壁　城墙和门道顶之间的夹层

是一条由墙顶通向城楼或角楼的暗道。它没有采用露明的上楼踏道，而是在城台顶部临向城墙墙顶的一侧开了一个券洞门。可以推测，人员是经由这里出入的。由墙顶到达城楼，可在券洞内设暗梯登上；由城楼一侧的墙顶到另一侧去，也可以对开券门，在券洞中通行，人员始终处于掩护之下，颇为科学。

初唐第323窟南壁《隋文帝请昙延法师祈雨》绘高僧昙延法师来到京城长安的故事，画面中所绘宫城即当时尚存的汉长安城。图中只显示了全城的一部分，可以看出在城的一面，城墙有多达九处的直角转折。唐以前，我国城市作多次直角转折者最典型的便是汉长安城。汉长安城建于惠帝时期，而在汉惠帝筑长安城前，此处

初唐第323窟南壁 汉长安城

就先已恢复了秦代的一座离宫并予扩建，即长乐宫，于是长安城南墙沿宫城南墙、北墙顺渭河水道，多次转折，象征北斗和南斗的星象。初唐第323窟《隋文帝请昙延法师祈雨》中所绘之城，其多次转折与原长安城情况大致相同。

民居宅院则与北京四合院住宅颇为相近，如盛唐第23窟南壁《法华经变》中，画了一座典型的北方民居大院。该宅院外面是夯土围墙，正面大门为乌头门；门内小院之后才是院墙及院门。门内庭院开阔，正中堂屋三间，两侧各有侧室三间。堂屋之内均有床。与堂屋相对的房屋，犹似四合院里的倒座。宅院的门不在轴线中间，而是偏向一侧，与北方四合院的宅门在东南角相似。

盛唐第23窟南壁 宅院

　　晚唐第85窟窟顶南披《法华经变》中的民居宅院，不仅与北京四合院相近，而且特别具有地方特色。该宅院以廊庑分为前后二院，前院横长，后院方阔，有大门和中门；后院中心有一楼。四围的廊庑不仅是走廊，同时也有居住的房间。住宅的一侧是饲养牲畜的厩院，夯土围墙，乌头门；靠门处有一隔间供奴仆居住。宅院外有农夫耕作。住宅一侧饲养牲畜和让奴仆居住的厩院，反映了严格的主仆等级制度，并表示奴仆地位与牲畜等同。另外，前后二院的布局除了使主院与外界更多一层间隔，以求更安静更隐蔽安全的居住环境外，同时也是一整套强调尊卑长幼男女内外之别的封建宗法制度的反映，有其深刻的社会内容。元代陈元靓《事林广记》记载："凡为宫室（此指宅院），必辨内外。深宫固门，内外不共井，不共浴室，不共厕。男治外事，女治内事。男子昼无故不处私室，妇人无故不窥中门。有故出中门必拥蔽其面⋯⋯男仆非有缮修及有大故（大故谓水火盗贼之类），亦必以袖遮其面，女仆无故不出中门，有故出中门亦必拥蔽其面。"第85窟壁画内住宅主院正房内坐着"治内事"的女主人，正在向躬身听命的男仆吩咐什么，院内一侧有一个妇

晚唐第85窟窟顶南披　宅院

女后面跟着三个孩子、大门和中门前有恭谨守门迎宾的男仆，都是当时社会生活的真实写照。

盛唐第445窟北壁《弥勒经变》中为了表现弥勒居住的天宫，描绘了大小十座院落。这些院落绘在一座座祥云缭绕的悬崖峭壁上，形成一个个独立的院落，院内再分隔成一进或多进。院落平面不拘泥于常见的方形或矩形，而是随着地形变化呈圆形、心形、桃形或前圆后方等布局。院落全部有围墙环绕，形成座座围屋，颇似南方客家围屋形式的圆形土楼。这反映了当时宅院建筑的多样性，同时也可能是历史上为了躲避战乱，在偏僻地区以家族或乡邻聚集修建的聚落形宅院，也许是南方客家围屋的早期形式。

敦煌壁画中除了表现大型宅院外，还有一些茅屋形式。如宋代第55窟南壁《弥勒经变》中的茅屋小院，简单的茅屋以带有枝杈的自然树干为柱，柱下有土台基；屋顶四坡用茅草重叠铺覆盖，在坡脊的交点，又多用草把加盖；茅屋四周围用篱笆围护，系以自然小树枝编织而成。这种茅屋大都见于南方，北方偶有所见，或为主

盛唐第 445 窟北壁 心形院落

143

宋代第 55 窟南壁　茅舍

人怀旧，或为庭院点缀，并不普遍。敦煌壁画中常画有南方景物，如水牛、翠竹、
远江浮船以及上面介绍的围屋等，皆非西北大漠可得而见，茅屋亦然。

丝路商旅多艰险

　　敦煌是丝绸之路的必经之地，敦煌的繁荣与西域的建设和中西交通的发展有直接关系。隋代时期，隋炀帝不仅先后派人出使西域，求取佛经并带回舞女，甚至在大业五年（609年），亲率大队人马，巡游河西走廊。据《隋书》记载，炀帝"西巡河右，西域诸胡，佩金玉，被锦罽，焚香奏乐，迎候道左。帝乃令张掖、武威士女，盛饰纵观，衣服车马不鲜者，州县课督以诱示之。"据载，当时有"二十七国邦长"前来张掖"朝觐"。这一空前盛举，确实为丝绸之路的繁荣起了推波助澜的作用。

隋代第 420 窟东披　法华经变·丝路商旅

　　莫高窟隋代第420窟窟顶东披《法华经变》中，更是真实描绘了当时丝路商旅途中的艰难险境。壁画根据《法华经·观世音菩萨普门品》，绘制了观世音菩萨救诸苦难和三十二现身说法。画面生动地再现了经文的内容，从右往左，描绘了大商主出发前先往寺院祈祷祝愿。商主头戴毡帽，身穿圆领窄袖袍，骑着骏马，随行商贾们赶着满载货物的骆驼、毛驴上路。部分驼队正登上险峰，一只骆驼失蹄翻滚下山崖，崖下是一片湖泽，泽中有盛开的莲花、水鸟。一群商贾一边吆喝，一边小心翼翼地拖住正在下山毛驴的尾巴。前面的商贾们卸下货物正在山坡上休息，马群在涧边饮食水草。另一群商贾正和一群全副盔甲的盗贼搏斗。脱离劫难后的商贾们正在庆幸并感念观世音菩萨。

　　惊心动魄的场面令观众有身临其境之感，这显然源于作者对现实生活的感受。正如玄奘《大唐西域记》中所描述的："溪谷杳冥，峰岩危险，猛兽暴害，群盗凶

盛唐第45窟南壁　胡商遇盗

残"，"商侣往来，苦斯艰险……橐驼数千，赍货逐利，遭风遇雪，人畜俱丧"。

盛唐第45窟南壁根据该经文绘制的《胡商遇盗图》描绘了另一番景象：一群高鼻深目、卷须浓髯、头戴毡帽、身着贯头衫的西域商人，牵着驮载丝绸的毛驴，行进在山谷之中。突然，从悬崖深壑中走出三个持刀强盗拦劫货物，商人们双手合十念诵"南无观世音菩萨"，无奈之际只能祈求神佛保佑。而周围山树花草繁茂，更反衬了商人们的不幸。

李白曾感叹蜀道之难，难于上青天；而丝路古道之难，较之更难！

河水阻隔有桥梁

敦煌壁画中的桥主要有平桥、虹桥两种。

平桥一般建于乡村山野的小溪小河之上，如榆林窟中唐第25窟北壁《弥勒经变》中，在一山崖禅窟和一草庐前有一条弯弯曲曲的小河，河面上有一座用自然树木捆扎的小平桥。桥上两侧的护栏设计得很巧妙，分别用一根树木横放在三根树桩

榆林窟中唐第 25 窟北壁 弥勒经变·平桥

中唐第 231 窟西壁龛内南壁　屏风画·平桥

初唐第 321 窟北壁　阿弥陀经变·平桥

149

的分叉中间，自然随意，其意境正好与河对面的禅窟相吻合。

一些城垣的护城河上面也有平桥，如中唐第231窟西壁龛内南壁所绘护城河平桥上面，还站有几人正在作迎接状。但绝大多数平桥用在净土变佛寺水池中的平台之间，都比较小巧而精致，特别是木质桥栏都非常华丽，且富有装饰性，大多在镶嵌的栏板上绘有色彩鲜艳的图案。中唐第231窟东壁门南《报恩经变》中平台间的桥面上还站有几个孩童在演奏和跳舞。

有的桥上还建有盝顶小亭一座，如初唐第341窟北壁《弥勒经变》中，在两座平台之间有一座小平桥，小桥与平台连接处的望柱升高而形成一座四柱的亭台式建筑，其顶部又形成平台，有几位乐伎在上面演奏。

虹桥即木结构的弧形桥，桥下无柱，具有拱桥的特点，跨度远比梁柱式桥更大，用于河深水急或需要行船的河流以及其他不宜建桥墩的地方。虹桥是我国古代匠师在应用木材方面的一项卓越成就。

敦煌壁画中的虹桥大多也建在河流上面，如五代第61窟西壁《五台山图》就绘有数座虹桥。其中或绘商队正在山谷中沿着河流准备从桥上而过，或绘行人和满载货物的骆驼、马匹正从桥上通过。这些虹桥绘得很小很短，其下面弯弯曲曲的河流更是绘得非常细窄，行人似乎一步便能迈过。显然这里所绘的河流和桥梁都只具有象征示意性。不过，其中五台县西南大桥却规模较大，细部描绘得很清楚，蜀柱和瘦项界画分明，盆唇、地栿也都画出扁平形式，与细圆的寻杖不同。

壁画里的虹桥有的也建在房屋与房屋之间。如第431窟西壁初唐所绘"十六观"图中，画面上方绘三座高台，高台上各有一座三间殿堂；三高台殿堂之间以拱形飞桥相连接。正如曹植《节游赋》所云："建三台于前处，飘飞陛以凌虚。"

据《水经注》记载，陇西鲜卑族政权吐谷浑曾经便在甘肃南部的黄河上建造大桥。《水经注》（卷二）引段国《沙州记》说："吐谷浑于河上作桥，谓之'河厉'，长百五十步，两岸累石作基陛，节节相次，大木从横更镇压，两边俱平，相去三丈，并大材以板横次之，施钩栏甚严饰。桥在清水川东也。"同卷又引《秦州记》

五代第 61 窟西壁　五台山图・虹桥

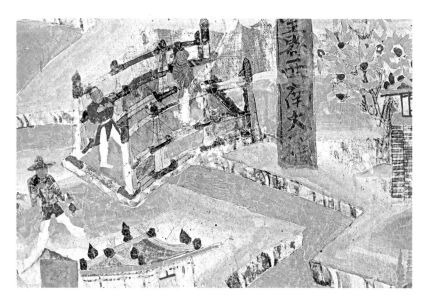

五代第 61 窟西壁　五台山图・五台县西南大桥

第 431 窟西壁初唐绘　十六观·虹桥

曰："枹罕有河夹岸，岸广四十丈。义熙中，乞佛于此河上作飞桥，桥高五十丈，
三年乃就。"乞佛即乞佛氏，为陇西鲜卑首领，十六国时期在今甘肃中部、东部建
立西秦。

　　由此可见，古代敦煌画工在壁画中所描绘的桥梁，还是有一定的现实依据。

出入关隘的通行证：过所

　　过所，就是古代通过水陆关隘时必须出示的通行证明，在汉代也叫作"传"。实行过所制度的目的，主要是为了保持国家编户的稳定，防止逃户、逃兵、逃奴、逃犯、物卖人口，从而保障国家的赋役和兵役，同时便于缉拿国内外间谍、盗匪、罪囚，以及禁止武器和军用马牛的走私活动。

　　唐代百姓只要离开本县本州，无论何种理由，都必须持有过所作为路证，否则寸步难行。因此，凡行人出行必须按规定申请过所，申请过所需要注明下列内容：（1）外出事由、所去目的地以及沿途道路关津；（2）申请过所者的姓名、籍贯、身份、年龄以及随员（从人）的姓名、籍贯、年龄；（3）申请过所者所携奴婢名年、物品名数以及牲畜名数、牡牝（公母）、口齿等内容；（4）申请过所者所携奴婢、牲畜、物品是合法所有的一至五名担保人。以上内容一式两份，申送主判过所的部门（所司）勘查，符合者出主判官和通判官依式签署，一件存档备查，一件签发给行人。唐朝的过所由中央尚书省或地方都督府或州颁发。失落过所必须审查后才予补发。

　　敦煌是丝绸之路中的交通重镇，特别是这里的玉门关、阳关，更是出入西域的必经关口。因此敦煌以及吐鲁番地区保存了不少当时途经关隘路口必需的通行证——过所，如敦煌莫高窟第122窟出土的K122:14《唐天宝七载（748年）敦煌郡给某人残过所》以及吐鲁番阿斯塔那509号墓出土的《唐开元二十年（732年）瓜州给西州百姓游击将军石染典过所》《唐开元二十一年（733年）唐益谦、薛光泚、康大之请给过所案卷》等珍贵实物。

阳关遗址

从《唐天宝七载（748年）敦煌郡给某人残过所》可知，天宝七年十月某人的过所是由敦煌郡"参军摄司户少鸢"主判"改给"的，同时记载了某人持过所东行，途经东亭、苦水、常乐、悬泉，历时6天到达晋昌郡，在过所上有东亭、苦水等四处守捉官"勘过"的批文。

《唐开元二十年（732年）瓜州给西州百姓游击将军石染典过所》中有五个方面的内容：一是瓜州都督府批给石染典的过所正本，记载了石染典携作人康禄山、石怒忿、家生奴移多地以及十头驴，从安西来到瓜州市易，现在市易已完成，欲再从瓜州返回安西，为了顺利通过铁门关和其他镇戍守捉等关卡，所以具牒向瓜州都督府户曹申请改给新的过所公文；瓜州都督府户曹审查无误后，由户曹参军亶和史杨祇签署，钤盖官印，并载明批准的日期，改给了石染典新的过所。二是石染典持新的过所，在由瓜州向沙州行进途中，接受悬泉、常乐、苦水、盐池戍四守捉关卡检查的情况。三是石染典到沙州后，再向沙州州府申请改给过所的具牒，说明了石染典携作人康禄山、石怒忿、家生奴移多地以及十头驴，从瓜州来到沙州市易，今市

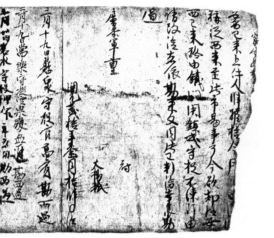

唐开元二十年（732年）瓜州给西州百姓游击将军石染典过所之一

唐开元二十年（732年）瓜州给西州百姓游击将军石染典过所之二

易已完成，欲再从沙州往伊州市易，请求沙州州府改给新的过所。其中经过沙州市令张休的审查。四是沙州负责过所批给的官吏琛对石染典申请改给过所具牒的批准辞，并载明批准日期。五是石染典从沙州到达伊州后接受的检查，由伊州刺史张宾亲自检查签署，并钤盖官印，载明勘查日期。

《唐开元二十一年（733年）唐益谦、薛光泚、康大之请给过所案卷》中有四个方面的内容：其一为唐益谦携奴典信、归命和婢失满儿、绿叶以及四匹马向西州申请过所牒。提及"婢失满儿、绿叶两人，于此买得"，唐益谦是安西都督府的别将，持有粮马递，从四镇（龟兹）到西州，即因公出差顺便护送乃叔前安西都督府长史、现任福州都督府长史唐循忠的家属往福州。其二详细载明被护送家属以及所携带奴婢的姓名年龄以及马匹的毛色、齿岁、牡牝等，并载明将经过的玉门、金城、大震、乌兰、潼、蒲津等关津（即途经甘肃敦煌、兰州、靖远和陕西潼关、大荔等地的关卡；从今新疆的库车到福建的福州合计行程近一万两千里）。其三是薛光泚请改给过所牒，并说明缘由。其四为掌过所的判官西州都督府户曹参军梁元璟

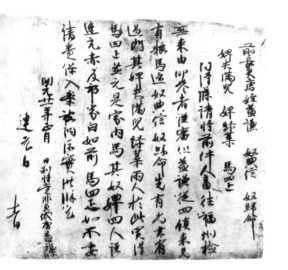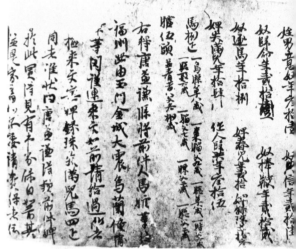

唐开元二十一年（733年）唐益谦、薛光泚、　　　唐开元二十一年（733年）唐益谦、薛光泚、康大
康大之请给过所案卷之一　　　　　　　　　　　　之请给过所案卷之二

五代第61窟西壁　五台山图·石岭关镇

156

的批文、通判官元、廷祯、齐晏、崇等的押署，最后呈西州都督王斛斯签字。

　　不过在唐代，过所并不是唯一的通行路证，另外能起路证作用的还有公验，也就是由官府开具的证件。

　　莫高窟五代第61窟西壁《五台山图》，绘制了距太原北约70公里的战略要塞"石岭关镇"。榜题旁侧一歇山顶房屋内坐一官员，屋外有两名随员，屋后侧一行人为刚通过关卡的戴枷犯人和押解人。榜题下侧也有一处歇山顶房屋，一行骑马挑担牵驼的商队正往屋前行进，而屋后有一刚通过检查的行人，不过由于山岩遮挡，看不见屋内的官员。有学者认为画面所绘两条道路及其不同身份的行旅者，反映了唐五代时期的"官道"和"民道"；两座建筑物则是设立在道路中间检查过往行人的关卡，而要通过关卡，作为路证的过所是必不可少的。这里描绘的就是当时人们行旅途中通过关隘接受检查时的情景。

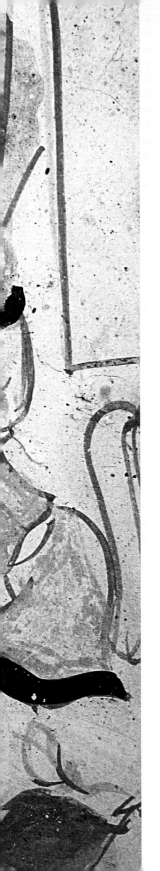

第五章

讲卫生的敦煌人

施医药疗救众生病

　　敦煌壁画中，有不少描绘人们就医诊病、服药等情景的画面，在一定程度上反映了当时的医疗卫生状况。

　　莫高窟盛唐第217窟南壁有一幅《得医图》，系根据《妙法莲华经·药王菩萨本事品》中"如病得医"四个字所描绘。这幅图再现了唐代医生出诊的情景，画面绘一深宅大院内，假山别致，绿树成荫，垂柳飘拂，一位雍容华贵的妇女坐在铺有茵褥的胡床上，跟前有一仕女手抱婴儿，主仆均注视着孩子；另一仕女正引导着一手拄拐杖、颇有儒医风度的医生来到台阶前，身后跟着一双手抱药箱的医童。画面中的气氛显得沉闷又紧张，仕女怀中的婴儿看上去精神不振，似是生病了；抱患儿的中年妇女双眉紧锁，显示其内心的忧虑；坐在胡床上的贵妇焦急万分，如坐针毡；院内正引导医生的少女，因为请来了医生，虽然也愁眉、焦急，但似乎满怀着希望；而那位老大夫快步走入院落，顾不得观赏奇石垂柳；怀抱药箱的医童紧跟老大夫，随时准备听从召唤。画面中6个人的心理活动，刻画得活灵活现，生动表现了当时的就医场面。

　　北周第296窟窟顶北披《福田经变》则根据《佛说诸德福田经》描绘了"常施医药疗救众病"的内容。画面中画一病人半躺着，有二人扶坐，正张口接受另一人喂药，身后有人正在用药臼捣制药物，场面非常生动。另外，在隋开皇四年（584年）建造的第302窟窟顶人字披西披《福田经变》也绘有"施医药"这一场景。这幅画分为两组，上组画一病人裸体卧席上，有两人各执其左右手，医生正对患者进行诊疗；下组画一羸弱裸体患者由家人扶坐，前面有一医生正在调制药物，病人身

莫高窟盛唐第 217 窟南壁 得医图（欧阳琳 临）

五代第 61 窟南壁　病坊治疗图

后站立一执药少女。这两个不同的医疗场景，可能显示着两个病人患内症与外伤的区别。

五代第61窟南壁《楞伽经变》中有一幅"治病图"，画面中一屋内有两名患者，坐于床上，各有一亲人扶持，一旁有专门护理的医工送药。有学者认为这是表现古代敦煌的病坊场景，反映病坊内管理规范，护理专业，体现了当时较高的医疗水平。据考证，敦煌在盛唐天宝年间（742—756年）已设有病坊，相当于现代的医院或诊所。病坊是官办的，规模不大，全部资金为130贯72文，其中30贯72文是盈利所得，可见病坊是营业性的。病坊既可门诊也可住院，有四尺、八尺病床各两张，备有毡、被及餐具十套。此外，病坊还提供制药的药杵、药臼、药罐等。

据敦煌文献 P.2005《沙洲都督府图经》记载，古代敦煌曾设有医学一所，专门培养医护人才。医学与官办的州学、县学组成一个建筑群。根据《大唐六典》的记载，下州置"医学博士一人，从九品下，学生一十人"。对此，敦煌文献 P.2657《天宝十载敦煌郡敦煌县差科簿》也有记载："令狐思珍，载五十一，翊卫，医学博士。"医学博士教授医学生，同时也行医。另外，敦煌寺院里还有僧医，如金光明寺的索法律和尚就是"神农本草，八术皆通"的僧医。

洁齿刷牙之奇俗

刷牙，是现代人习以为常的习惯，但刷牙起源于何时，却少有人能说清楚。在敦煌莫高窟的壁画中保存有唐宋时期的14幅刷牙图，这是我国现存为数不多的古代刷牙的图片资料，为我们了解古代刷牙的风俗习惯和佛教有关剃度的仪轨提供了形象的资料。

中唐第 159 窟南壁　揩牙图

在莫高窟第7、9、12、25、55、98、146、154、159、186、196、361、454窟及榆林窟第16窟等14个洞窟内都绘有刷牙图，它们主要分布在《弥勒经变》和《劳度叉斗圣经变》中。莫高窟刷牙图根据刷牙的工具可以分为两类：一类是揩齿图，一类是齿木刷牙图。

用手指揩齿是我国古代清洁牙齿的一种方法，所用的药物，主要是盐，有时还加入几味药品。有关揩齿的最初记载，首见于南北朝梁代刘峻撰《类苑》一书，有一首《西岳华山峰碑载治口齿乌髭歌》："猪牙皂角及生姜，西国升麻蜀地黄。木律早莲槐角子，细辛荷叶要相当。青盐等分同烧煅烃，研煞将来使更良。揩齿牢牙髭鬓黑，谁知世上有仙方。"

莫高窟的14幅刷牙图中有12幅是用手指揩齿的图像。中唐第159窟南壁《弥勒经变》中，一人光头，裸上身，脖子上围着围巾，蹲在地上，左手持净瓶，右手的大拇指微弯，中指、无名指和小指轻握，用食指揩齿。旁边还立有一人，穿红袍，双手捧巾侍候。刷牙图四周有剃度、洗头、礼拜等画面。此窟建于中唐，可以说是我国最古老的一幅有关口腔卫生方面的绘画。

晚唐第9窟《劳度叉斗圣经变》中，刷牙者穿袈裟，光头，双手腕有镯，左手持一净瓶；右手食指上翘，小指和无名指向内弯曲，大拇指和中指捏齿木，正在刷牙。齿木在刷牙者右侧嘴边，右嘴角呈龇咧状，刷牙的表情十分生动逼真。又如第146窟《劳度叉斗圣经变》中，一僧人光头，裸上身，双手腕、臂戴镯，仰头，左手执齿木正在洁齿。

齿木是佛家清洁牙齿的方法，是从印度传过来的。最早的记载是公元2世纪时安世高翻译的《佛说温室洗浴众僧法》，其中讲到沐浴时所需的7种用具，有"六者杨枝"之句，就是将杨枝的一端或两端打扁成刷状，形如扫帚，以蘸药刷齿，并说用杨枝漱齿之后可使"口齿好香，方白齐平"。杨枝即齿木，除用杨柳条外，还可用槐、桃、楮等木，齿木所用木条以苦涩辛辣者为佳。

《大方广佛华严经》认为："嚼杨枝具十德者：一销宿食，二除痰癊，三解众

五代第 146 窟西壁　齿木刷牙图

毒，四去齿垢，五发口香，六能明目，七泽润咽喉，八唇无皲裂，九增益声气，十食不爽味。晨朝食后，皆嚼杨枝。诸苦辛物以为齿木，细心用之，具如是德。"《摩诃僧祇律》云："齿木者，有二种，一辫（扁），二团。若比丘口中有热气生疮，医言：'应嚼齿木。'"不空译《观自在菩萨说普贤陀罗尼经》亦云："若患齿痛，加持齿木二十一遍。令嚼即愈。"

　　嚼齿木是印度的风俗习惯。齿木传入我国后，并没有像印度那样流行，人们主要还是使用传统的手指揩齿法。敦煌壁画中揩齿的画面明显地多于齿木刷牙的画面就是一个证明。

　　1953年，考古工作者在内蒙古赤峰县的辽驸马卫国王墓的陪葬品里，发现了两把骨制的牙刷柄。它的形状与现代的牙刷柄相似，长短也差不多，头部有两排共8个植毛孔，因为年代久远毛鬃已经没有了。这是辽应历九年（959年）的墓葬。这里发现的牙刷是至今发现的中国最早的牙刷，但与莫高窟唐代壁画中的刷牙图相比则晚了二三百年。

香药洗浴治病防病

敦煌壁画中绘不少洗浴的画面，反映了古代敦煌人对洗浴与健康关系的认识。如莫高窟五代第146窟西壁《劳度叉斗圣经变》外道皈依佛教剃度出家的场面中，画了几个外道正各自在束腰高底的圆盆中盥洗，有的正在解发洗头，有的上身裸体，准备擦洗身体，有的正在洗脸。其中有一人正俯身低头在一高足盥洗器中洗头，形象夸张生动。外道皈依佛教时必须洗浴干净，反映了佛教对洗浴的重视。后汉安世高译《佛说温室洗浴众僧经》云："澡浴之法，当用七物除去七病，得七福报。"

隋智者大师说、门人灌顶记《方等三昧行法》中还介绍了季节与洗浴环境的关系："秋夏内既热，于洗浴非妨，春冬二时既寒，善须调适……"

唐义净撰《南海寄归内法传》"二十洗浴随时"中还谈到饮食与洗浴的关系："洗浴者并须饥时，浴已方食有其二益：一则身体清虚无诸垢秽，二则痰癊消散能飡饮食"。

盛唐第31窟南壁《金刚经变》中有一个画面：释迦牟尼佛内穿僧祇支，外穿袒右肩红色袈裟，坐在须弥座上，左脚盘起，右脚置一盆中；一个头梳双垂鬓髻、身穿宽袖长裙的中年世俗女子跪在佛前，正在给佛洗足。这是表现鸠摩罗什译《金刚般若波罗蜜经》中所说的释迦佛"还至本处，饭食讫，收衣钵，洗足已，敷座而坐"的情景。常常用热水洗足有利于疏通全身经络，该画面是现实生活中子女给父母洗脚、侍者给主人洗脚的真实写照。

在敦煌文献P.3230《金光明最胜王经》中还记载了一份"香药洗浴方"。其方

五代第146窟西壁　劳度叉斗圣经变·洗浴

五代第146窟西壁　劳度叉斗圣经变·洗头

盛唐第31窟南壁　金刚经变·洗足

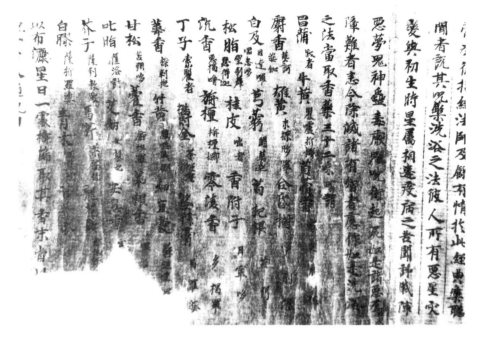

P.3230 金光明最胜王经　香药洗浴方

为：“药洗浴之法……恶星灾变……疫病之苦，斗净战阵。恶梦鬼神、蛊毒、厌魅、呪术起尸。如是诸恶为障难者，悉令除灭。诸有智者，应作如是洗浴之法，当取香药三十二味。”

　　该洗浴方所载32味药物，每味药后面括号内是该药物的梵文译音。这些药物大多具有芳香气味，能透表开窍，辟秽化浊，化瘀解毒，除恶杀虫，通络舒经，安静心神。煎汤洗浴可以防病治病，制成香条点燃还能驱除蚊蝇、清洁环境，有利于人的身心健康。

苦水or甜水

饮用水是否干净卫生，与人的身体健康密切相关。古代敦煌人民非常注重饮用水的质量，常常使用"苦水"与"甜水"的概念，例如敦煌现在还有"苦水井""甜水井"的地名。因为敦煌位于戈壁地区，大部分地方都是盐碱地，敦煌人便尽量设法寻找地下水质量较好的地方凿井取水。如敦煌文献 P.3870《敦煌廿咏·凿壁井咏》记载："尝闻凿壁井，兹水最为灵。色带三春绿，芳传一味清。"距离莫高窟东 10 多公里处有一口观音井，1917 年重修碑记记载："城东 40 里有千佛洞……东又 30 里有观音古庙……庙前石井，水澄味甘，是菩萨修真养性之处……故名观音井也。"强调水的质量是"色带三春绿，芳传一味清""水澄味甘"。

佛教非常注重饮用水的质量，如在佛教的理想世界中，"极乐国土有七宝池，八功德水充满其中。"（姚秦鸠摩罗什译《佛说阿弥陀经》）而所谓八功德水，据玄奘译《称赞净土佛摄受经》云："何等名为八功德水？一者澄净，二者清冷，三者甘美，四者轻软，五者润泽，六者安和，七者饮时除饥渴等无量过患，八者饮已定能长养诸根四大。"水质首先是澄净，其次是清冷、甘美等，而且"饮时除饥渴等无量过患"，对身体只有益处没有害处。

哪种水是适合人饮用的呢？义净奉制译《根本说一切有部》记载："有五种净水合饮：一谓别人净，二谓僧伽净，三滤罗净，四井净，五泉净。"检查水质的标准之一是看水中有没有虫，即相当于今天所说的蛆虫菌卵之类。如有蛆虫菌卵之类，人饮用之后对身体自然有害无益。而强调未见过井泉之中有虫，无须观察便可饮用，也与今天宣传和追求的天然泉水相吻合。

晚唐第 17 窟北壁东侧 挂净瓶的大树和比丘尼

　　对于江河中的水是否只要过滤了便可以饮用，也要视情况而定。义净奉制译《根本说一切有部》云："有别河水来，更须观察逆流而去，随观随饮不流之水，亦随观随用。大德，已滤之水颇得不观而饮用不？佛言：要须观察方可饮用。大德，不滤之水观得饮用不？佛言：观察无虫饮用无犯。"

　　从饮水卫生角度考虑，义净撰《南海寄归内法传》认为，储存水的容器应该分为两种："凡水分净浊，瓶有二枚。净者咸用瓦瓷，浊者任兼铜铁。净拟非时饮用，浊乃便利所须。净则净手方持，必须安着净处；浊乃浊手随执，可于浊处置之。"又详细介绍了盛装净水的净瓶："其作瓶法盖须连口，顶出尖台可高两指，上通小穴粗如铜箸，饮水可在此中。傍边则别开圆孔，拥口令上竖高两指，孔如钱许，添水宜于此处。可受二三升，小成无用。斯之二穴恐虫尘入，或可着盖，或以竹木，或将布叶而裹塞之……若取水时，必须洗内令尘垢尽，方始纳新，岂容水则不分净浊。"

敦煌壁画中描绘有当时僧人所使用的净瓶，如晚唐第17窟（藏经洞）北壁高僧洪辩塑像东侧，绘一株树干苍劲枝叶茂盛的大树，树下一比丘尼手执双凤团扇，树杈间挂一净水瓶。另外在洪辩塑像西侧也绘一枝叶繁茂的大树，树下一身穿男装的侍女执杖持巾，树杈间挂一钵袋。杖、袋、瓶、巾、扇都是僧人常用之物，与高僧塑像是一个整体。画面中的净水瓶参照人体比例，瓶身约30厘米高，细细的瓶颈约15厘米高，瓶口上一尖细的瓶塞约8~10厘米；瓶身外面套一长带网格状布套，方便携带。僧人常常出门在外，所以需要随身贮存饮用水的容器。

打扫清洁很重要

　　敦煌人非常注重居住环境的清洁卫生。如榆林窟中唐第25窟北壁《弥勒经变》的画面中，一座巍峨的宫城上方，龙王在云朵间正准备施雨；城门外一夜叉跪在佛陀面前，脚旁放着一长长的扫帚；城墙下一夜叉正在用长长的扫帚扫地。《佛说弥勒下生成佛经》记载，在弥勒世界里，"街巷道陌广十二里，扫洒清净。有大力龙王名

榆林窟中唐第25窟北壁　弥勒经变·龙王洒水和夜叉扫地

曰多罗尸弃，其池近城龙王宫殿，在此池中常于夜半，降微细雨用淹尘土。其地润泽譬若油涂。行人来往无有尘坌……城邑舍宅及诸里巷，乃至无有细微土块……有大夜叉神名跋陀波罗赊塞迦（秦言善教）常护此城扫除清净"。夜半之时，龙王洒水，夜叉扫地，敦煌壁画中对此有生动形象的描绘。

北周第290窟窟顶东披佛传故事画中也描绘有扫地的情景，画面中有两人手持长长的扫帚正躬身扫地。

佛经中有许多关于打扫环境卫生的记载，如后汉竺大力、康孟详译《修行本起经》中太子出宫时："王勅国中：太子当出，严整道巷，洒扫烧香，悬缯幡盖，务令鲜洁。"

北周第 290 窟窟顶东披 佛传·扫地

175

地婆诃罗奉诏译《方广大庄严经》记载，菩萨初生满七日，还迦毗罗城，这时便有"五百千婇女香水洒地导前而行，五百千天女于前执箒扫地而行"。

又隋瞿昙法智译《佛为首迦长者说业报差别经》云："复有十业，能令众生得端正报：一者不瞋；二者施衣；三者爱敬父母；四者尊重贤圣；五者涂饰佛塔；六者扫洒堂宇；七者扫洒僧地；八者扫洒佛塔；九者见丑陋者，不生轻贱，起恭敬心；十者见端正者，晓悟宿因，以是十业得端正报。"其中扫洒工作便占了三项，并与爱敬父母、尊重贤圣的意义相同。

在不同的环境扫地，有不同的注意事项。如后汉安世高译《大比丘三千威仪》云："扫塔上有五事：一者不得着履上，二者不得背佛扫塔，三者不得取上墙土持下弃，四者当下佛像上故花，五者当且过澡手自持净巾还。"又云："扫塔下有五事：一者当先洒地，二者当使调，三者当待燥，四者不得逆扫，五者不得逆风扫。""塔下"即塔外，风尘较多，因此扫地前要先洒水，还要注意风向等情况。另外又云："扫除又有五事：一者不得去墙土，二者当自手拾草，三者当取中土转着下处，四者不得令四角扫处有迹，五者扫塔前六步使净。""设大比丘僧会时，扫除讲堂中有七事：一者当早起行视门户开未，二者当捡空灯当摭之，三者当扫拭佛像去前宿花，四者当烧香着佛前，五者当作大灯火着堂中央，却正比丘僧坐席，六者僧比丘事毕去徐当洒地，七者当更净扫地。""扫塔地有五事：一者不得背佛，二者不得不掉手污人足，三者不得扫去墙土，四者当自手除出弃之，五者不得当人道，亦莫弃水中及圊中。"其中的不要"污人足"、不要"当人道，亦莫弃水中及圊中"等很值得当代人反思。

对于扫地前的洒水也有注意事项："有五事洒地：一者当却行，二者当轻手，三者当令遍，四者当待燥，五者不得溅人衣。"

从敦煌壁画可以看到，当时的敦煌人已经非常注重环境的清洁卫生，而环境卫生对于每个人的身体健康，都有密不可分的关系。

如厕、沐浴不可忽视

　　注重解决人的如厕问题也是我们了解古代社会环保意识的一个重要方面。已故敦煌学专家史苇湘先生在研究敦煌壁画《弥勒经变》时也注意到这个问题，他说："如《弥勒下生经》里说的'便利'（入厕）与'寿终'这两大无法避免的生活'弊病'，要画入壁画，艺术想象力是不能回避的，特别是拉屎撒尿，是一个使匠师们犯难的题目，在如此'庄严''神圣'的大经变里描画人们如何入厕，终不是'雅事'，但古代艺术家们却并不为此感到棘手"。榆林窟第38窟《弥勒下生经变》里在婚娶图中，在热闹的婚礼场面旁边，一位身穿大袖襦和长裙的女子，双手抱着一裸体婴儿，蹲在野地里，为孩子把屎把尿。

　　莫高窟北周第290窟的佛传故事画中，有一幅"蹲厕"的画面。图中厕所为一座四阿顶式的建筑，其厕所内蹲着一个正在如厕的人。如厕处是用木板锯出方洞，下面是粪坑。这种形式的厕所在当今敦煌农村及南方一些农村还普遍存在。稍不同的是，现在一些厕所内是将木板改为水泥板，方洞变为长条状洞。这幅图虽然是依据佛经故事绘制，表现的是悉达太子降生后出现的32种祥瑞之一的"臭处更香"，却非常真实地描绘了近1500年前敦煌地区的厕所形象，同样也真实反映了当时人们的环保意识和相应的环保卫生设施。

　　家庭或公共的浴室、浴池既是一种卫生设施，也是衡量环保意识的一个标准。莫高窟隋代第302窟《福田经变》中依据有关经文所绘制的温室浴池，规模不大，池中有两人正在洗浴；浴池周围植有果树；重要的是，画面中还绘有通往室外的排水沟。

北周第 290 窟　厕所

隋代第 302 窟人字披西披　福田经变·浴池

　　佛教鼓励佛教徒修建浴池，据《佛说诸德福田经》载，"修福"有"七法"，为："一者，兴立佛图僧房堂阁；二者，园果浴池树木清凉；三者，常施医药疗救众病；四者，作牢坚船济度人民；五者，安设桥梁过度羸弱；六者，近道作井渴乏得饮；七者，造作圊厕施便利处。"其中修建浴池的功德意义排列在第二位，与建果园、植树木的意义同样重要。另外，经文中指出修造厕所也具有重要的功德意义，将建果园、植树木、修浴池、造厕所等行为赋予积功德的意义。

第六章

敦煌人的缤纷娱乐生活

弈棋虽好，可不要沉溺

　　在中国，下棋是一项很多人都喜欢的活动，更有善弈者长寿的说法。下棋有很多好处，能够帮助人们陶冶情操，还能增长智力。

　　下棋是一种斗智游戏，从心理学的角度来看，这也是一种记忆训练，能够有效地提高人的记忆能力、思维能力以及判断推理能力。下棋的过程中能够锻炼意志、陶冶性情、修养品格，同时增添生活的乐趣。敦煌壁画中有不少反映当时人们爱好棋类活动的画面，其中描绘最多的是围棋的画面。

　　下围棋能排忧解闷，如白居易《孟夏思渭村旧居寄舍弟》中说："兴发饮数杯，闷来棋一局。"围棋也是一种竞赛性和趣味性很强的娱乐活动，由于其变幻多

莫高窟宋代第454窟 佛坛上清代绘屏风画 弈棋

端、高深莫测，对于锻炼人的智力和毅力很有帮助。P.2718《王梵志诗一卷》中载：
"双陆智人戏，围棋出专能。解时终不恶，久后与仙通。"

　　莫高窟五代第61窟西壁佛传故事屏风画，根据《佛本行集经·角术争婚品》的内容绘悉达多太子弈棋图。画面中绘太子与一释子下围棋，另有几位释子在旁侧观看。榆林窟五代第32窟北壁《维摩诘经变》中也有一幅对弈图，画面中绘一长条状棋盘，棋盘两侧各有一弈棋者，有一人正举手走棋，另一人则凝神观局；棋盘后方有一旁观者。莫高窟宋代第454窟东壁《维摩诘经变》中，绘一矮桌上布棋盘，矮桌两侧各坐一人，均以右手正欲布子，显示双方正在激烈鏖战；画面右侧绘维摩诘居士旁观。第454窟中心佛坛上的清代绘的屏风画内，也有一幅对弈图，画面中绘一长桌，长桌两侧各有一老者作对弈状，另有一人伏在桌旁观看，颇为生动。

　　藏经洞出土文献中还保存有中国现存最早的围棋理论著作，即S.5574号《棋经一卷》。

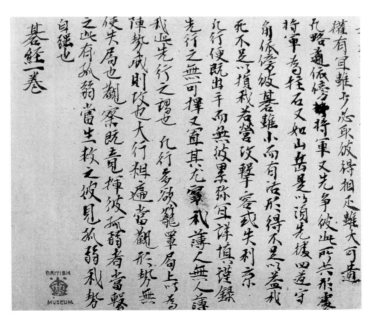

藏经洞出土 S.5574 棋经（局部）

此外，藏经洞出土文献中也有关于双陆游戏的描写。双陆之棋具一般有枰（棋盘）、马（棋子）和骰子三种，棋盘为长方形，左右各刻有一个半月形门，门的两边各刻六个圆点，标志着十二路。P.2999《太子成道经》记载："是时净饭大王，为宫中无太子，优（忧）闷寻常不乐，或于一日，作一梦，［梦见］双陆频输者，明日，［即］问大臣是何意旨。大臣答曰：'陛下梦见双陆频输者，为宫中无太子，所以频输。'"

虽然敦煌壁画中尚未发现有关双陆博戏活动的图像描绘，但1980年在甘肃省武威市南营乡青嘴湾弘化公主墓出土了21枚唐代双陆棋子。这些棋子为象牙质，底径约1.6厘米，高约1.7厘米，重约80克；形状为半球体，底部圆平，顶部另嵌圆球形短柄，状如截柿；表面浅雕各色花朵、飞鸟、蝴蝶等图案，部分棋面涂红彩。由此推测，唐宋时期敦煌地区流行双陆游戏完全是有可能的。

另外，敦煌地区曾经还流行一种樗蒲游戏。如敦煌文献S.610《启颜录》中有记

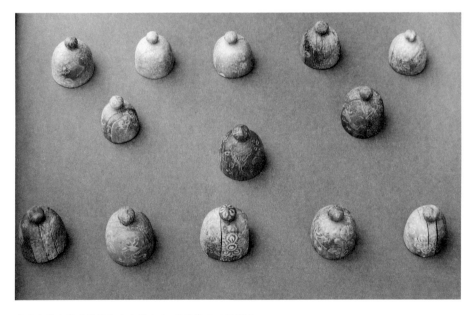

武威南营乡青嘴湾弘化公主墓出土　唐代象牙双陆棋子

载："可不闻樗蒲人云：'三个秃不敌一个卢'。"三个秃指三个白子，比不上全部是黑子的"卢"。樗蒲又称为"五木"，所谓"五木"，即是五枚用木头斫成的掷具，都是两头圆锐，中间平广，像压扁的杏仁。每一枚掷具都有正反两面，一面涂黑，一面涂白，黑面上画有牛犊，白面上画有野鸡。行赌时，将五枚掷具同时掷出，任其转跃后躺倒，然后看其由朝天一面配成的不同的排列组合，即所谓"采"。其中五枚全黑，称"卢"，是最高的采，四黑一白为"雉"，是仅次于"卢"的好采。根据得采情况来判别胜负，其原理就如同掷骰子。

围棋、双陆、樗蒲等游戏虽然对于培养智力有一定好处，但若沉溺于此，则可能有害于身心健康。敦煌文献P.3883《孔子项讬相问书》记载："夫子曰：'吾车中有双陆局，共汝博戏如何？'小儿答曰：'吾不博戏也。天子好博，风雨无期；诸侯好博，国事不治；吏人好博，文案稽迟；农人好博，耕种失时；学生好博，忘读书诗；小儿好博，答挞及之。此是无益之事，何用学之！'"

P.2418《父母恩重经讲经文》记载："贪欢逐乐无时歇，打论樗蒲更不休。"可见当时有敦煌儿童迷恋此博戏，为此家长担心孩子会因此学坏。

来场乐舞以忘忧

　　古代社会的节庆活动中，常常有许多群体性的民间乐舞活动，这不仅有利于身体健康，还有利于人际交流、宣泄情感。敦煌壁画中对此也有不少生动的描绘。

　　晚唐第156窟《宋国夫人出行图》的队伍中，有乐伎七人，头戴圆形帽，身穿红、紫、蓝、黄、赭等色长袍，束腰带，分别演奏竖笛、笙、琵琶、腰鼓、鸡娄鼓、拍板、笙等。在乐器的伴奏下，四名穿汉装的女舞者，头梳高髻，身穿紫色长袖舞衣，长裙曳地，披肩巾，正挥袖翩翩起舞，一派热闹欢快的场景。

晚唐第156窟南壁 舞乐图（李其琼临）

五代第100窟南壁 舞伎（李其琼 临）　　西魏第249窟南壁 大头仙人

　　五代第100窟《曹议金节度使出行图》中，两排男女舞者相对起舞，边舞边行进。其中男舞者均戴幞头，身穿花色灯笼裤，抬左足，右手叉腰举左手于斜上方；女舞者则身穿吐蕃装，抬右足，左手叉腰举右手于斜上方，舞姿颇似藏族的"巴塘弦子"，具有鲜明的地方民间舞蹈特点，也是当时民族融合的一种反映。

　　唐宋时期敦煌以及西域地区流行一种叫"苏莫遮"的舞蹈，是一种戴着面具表演的群体性踏舞，娱乐性和互动性很强。莫高窟西魏第249窟南壁所描绘的天宫伎乐中有一大头人像，高鼻大眼，头顶椎发，耳垂大环，有学者认为这绘的可能就是苏莫遮活动时戴的舞蹈面具。

　　苏莫遮，又称苏摩遮，或悉磨遮。慧琳撰《一切经音义》卷41云："苏莫遮，西戎胡语也。正云飒磨遮。此戏本出西龟兹国，至今由有此曲，此国浑脱、大面、拨头之类也。或作兽面，或象鬼神，假作种种面具形状。或以泥水沾洒行人，或持羂索，搭钩捉人为戏。每年七月初公行此戏，七日乃停。土俗相传云常以此法攘厌驱趁罗刹恶鬼食啖人民之灾也。"唐·段成式《酉阳杂俎》（卷四）亦载："龟兹

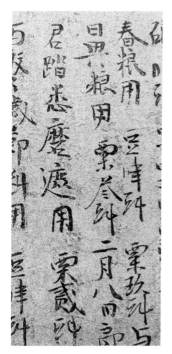

S.1053《己巳年（909年）某寺诸
色入破历算会残卷》写卷（局部）

国……婆（娑）罗遮，并服狗头猴面，男女无昼夜歌舞，八月十五日行像及透索为戏。"娑罗遮"即"苏莫遮"。

敦煌的"苏莫遮"假面舞蹈，主要出现在佛教活动中。敦煌每年二月八日为佛出家成道日，这一天要举行盛大庆典，其中有一项活动是行像，也叫行城、旋城，即人们抬着佛像在城中游行，让万民观仰，场面非常壮观。行像队伍幡花招展，以金刚力士在前，中心为高大之佛像群，接着是舞动着的狮子，后面是音乐歌舞，及持香花行城的道俗之众。乐舞有鼓钹铃梵、法曲赞呗，还有苏莫遮假面舞蹈表演。

S.1053《己巳年（909年）某寺诸色入破历算会残卷》中记载："粟叁斗，二月八日郎君踏悉磨遮用。"悉磨遮即苏莫遮，参加此活动的少年男儿能得到粟三斗（或曰以粟换酒给踏舞者饮用）。又P.4640《己未年—辛酉年（899—901年）归义军衙府布纸破历》中记载："二月七日支与悉磨遮粗纸叁拾张。"粟用来换酒，犒劳踏舞者；纸用来制作参与踏舞用的化装面具。P.3272《丙寅年（966年）牧羊人兀宁状并判凭》也载："定兴郎君踏舞来白羊羖壹口。"说的是966年正月，定兴这一户的男儿少年参加了踏舞，领得白色羖羊一只。可见当时的苏莫遮即踏舞，是由官府倡导的民间舞乐活动。

如此丰富多彩的行像游行活动场面非常热闹，尤其是其中的假面舞更是引观赏者注目，表演者和观赏者之间也有很强的互动性，类似当今的社火表演。

妙趣横生的魔术

魔术是以变化为主的杂技艺术，在古代又叫作"幻术"或"戏法"。汉武帝时期，西域的幻术传到了中原。《汉书》（卷六十一）记载："大宛诸国发使随汉使来，观汉广大，以大鸟卵及犛靬眩人献于汉，天子大说。"师古注曰："眩读与幻同，即今吞刀吐火，植瓜种树，屠人截马之术皆是也。"敦煌壁画中也保存了一些反映当时幻术活动的画面，生动形象地再现了当时的幻术活动情景。

莫高窟初唐第323窟北壁《佛图澄神异故事》中，描绘了十六国时期高僧佛图澄的"洗肠""幽州灭火"等故事。在"洗肠"的画面中，有一人赤袒上身，坐于一长方形的毡毯之上，两臂屈置于胸前，其前方画有溪水一条。其人两手捉拿一长条状物，放在前面的溪流之中，作摆洗之状。该画面描绘的是高僧佛图澄在斋日期间于河边抽洗肚肠时的情景。而实际上，不管是其腹孔放光也好，还是抽洗肚肠也好，都与当时天竺传来的"吞刀吐火""刳剔肠胃""截舌抽肠"等属于同一类幻术。

"幽州灭火"画面中，有一身穿交领宽袖长袍的王者，坐于几案后的低榻上，举手侧视；其身后有一人执掌华盖。王者周围有臣僚多人，均举手侧身，或好奇，或惊讶，或双手抱持于胸前作祈祷之态。王者几案侧还有一个低榻，空置无人。在王者和诸臣僚的前方，有一高僧，光头，身穿袈裟，左臂屈置胸前，右手伸出平举，手中似有一物。高僧的手掌上端，有乌云一朵飞起而至于西上角；浓云滚滚，覆罩在一座颇具规模的城池上空，有雨点倾之而下；城内大火熊熊，火苗呼呼，烟雾腾腾。画面所绘内容为佛图澄与石虎共升中台时，佛图澄突然感知幽州火起，立刻取酒作法灭火时的情景。显然，这也是佛图澄的一个幻术，可能是在预知幽州天

初唐第 323 窟北壁　佛图澄神异故事·洗肠

初唐第 323 窟北壁　佛图澄神异故事·幽州灭火

中唐第 361 窟南壁　金刚经变·幻术

晚唐第 85 窟窟顶东披　楞伽经变·幻术

气情况的前提下，事先安排人在幽州放火，并在下雨时随处浇洒一些酒水。

在敦煌壁画中，有一些描绘橦技活动（即顶竿），同时也是幻术活动的画面，反映了中国传统形式的幻术表演情景。莫高窟中唐第361窟《金刚经变》中绘有一个三角形帷帐中间，一形体较小的伎人头顶一长竿，长竿顶端有一人正作倒立表演；帷帐左侧有一乐伎在吹横笛，右侧有一人双手伸向帷帐中间，似乎在表演魔术，作指挥导引状。晚唐第85窟窟顶东披《楞伽经变》中也绘一个三角形帷帐中间，一伎人头顶一长竿，一小孩单腿站立在长竿顶端作表演状；帷帐右侧有两个乐伎似手持乐器作表演奏状，左侧有一人双手似乎在作魔术表演状；帷帐前有三人坐在地上，可能是观众。中唐第361窟《金刚经变》试图通过幻术画面向观者阐述：世上的一切事物就像这幻术表演出来的东西一样，都是虚幻不实的，即鸠摩罗什译《金刚般若波罗蜜经》中云："一切有为法，如梦幻泡影，如露亦如电，应作如是观。"晚唐第85窟《楞伽经变》也试图通过幻术画面向观者阐述：世界万有皆由心所造，万物虚幻不实。即第85窟相关榜题和佛经所记载："大慧，譬如幻师以幻术力，依草木瓦石幻作众生若干色像，令其见者种种分别，皆无真实。大慧，此亦如是。"

P.4524 降魔变文画卷 狮牛斗　　　　　　P.4524 降魔变文画卷 白象吸水

　　敦煌壁画中也有幻术比赛的画面，如晚唐第9窟、第196窟等洞窟的《劳度叉
斗圣经变》描绘了六师外道代表人物劳度叉与佛教代表人物舍利弗斗法的场面，
实际上也就是一场规模宏大的幻术比赛。

　　从有关史料和敦煌壁画可以看到，古代的魔术表演雅俗共赏。大多数表演有一
定的故事情节，具有戏剧性、趣味性。同时，近距离与观者接触，互动性强，更具
有真实感。

历史悠久的斗鸡游戏

斗鸡是一种竞技性游戏，也是一种角抵类游戏，把两只雄鸡放入场中，使之互相啄斗，区分胜负。在中国，斗鸡的文字记载始见于春秋时代。《春秋左传·鲁昭公二十五年》云："季、郈之鸡斗。季氏介其鸡，郈氏为之金距。平子怒，益宫于郈氏，且让之。"季平子、郈昭伯都是春秋末期鲁国的贵族，这次因斗鸡而闹翻了，季平子以势压人，侵占郈昭伯的土地以扩建房舍。斗鸡时，季氏"介鸡"，郈氏"金距"，都把雄鸡"武装到了牙齿"。

所谓"介鸡"，有两种说法，一种是把芥子捣为细粉，播撒于鸡翼上。芥粉味辣，两鸡争斗时，鼓动双翼，芥粉飞扬出去，对方的鸡因呛痛而无心恋战，不上三五个回合，就会败下阵去。另一种说法，把"介"字解释为铠甲，古时"介""甲"通用。斗鸡时，头部是双方啄咬的部位，因此制小铠甲，以保护鸡头。

金距也是一种外加的武器。《汉书·五行志》师古注曰："距，鸡附足骨，斗时所用刺之。"距是雄鸡蹄跖骨后方所生的尖突部分，内有坚骨，外披角质鞘，是鸡在啄斗时的武器。金距，是嫌鸡距不够尖硬而用金属制成假距，套在鸡距上，以利于作战。

曹魏宫廷中曾盛行斗鸡。曹植《斗鸡诗》云："游目极妙伎，清听厌宫商。主人寂无为，众宾进乐方。长筵坐戏客，斗鸡间观房。群雄正翕赫，双翅自飞扬。挥羽激流风，悍目发朱光。觜落轻毛散，严距往往伤。长鸣入青云，扇翼独翱翔。愿蒙狸膏助，常得擅此场。"

唐代诗文中也有许多关于斗鸡的记载。杜淹《咏寒食斗鸡应秦王教》中写道：

河南郑州汉画像砖 斗鸡 　　　　　　　西魏第285窟南壁 斗鸡图

"寒食东郊道，扬韝竞出笼。花冠初照日，芥羽正生风。顾敌知心勇，先鸣觉气雄。长翘频扫阵，利爪屡通中。飞毛遍绿野，洒血渍芳丛。虽然百战胜，会自不论功。"李白的《古风》中也写道："路逢斗鸡者，冠盖何辉赫。鼻息干虹蜺，行人皆怵惕。"

汉画像砖中刻画有不少当时斗鸡活动的生动情景。如河南郑州汉代画像砖中的斗鸡图，画面正中两只雄鸡高足长尾，羽翅张扬，引颈昂首，正交颈啄斗；两侧各立一人，皆戴冠，着长衣，仰首挥臂，似在吆喝助威。

河南南阳县宛城区英庄出土的东汉画像石，也有一幅《斗鸡图》。画面中央有一伞，伞盖下置二樽、二盘，盘内堆放肴品；两侧各有一只雄鸡，正昂首怒目跃跃欲斗；其后各有一持兵械者唆斗，另各有随从侍卫一人，场面颇为壮观。

在距敦煌不远的酒泉丁家闸十六国5号墓北壁，也有一幅《斗鸡图》。画面中的坞壁前，有两只公鸡正在相斗，其下方另有一只公鸡在扬翅高啼。坞壁下方绘桑树三株，树间立五个采桑女，腰系裙，手提篮，姿态各异；坞壁东侧树丛中有鸡圈，鸡圈西侧立一鸡架，鸡窝筑于架上，很有生活情趣。

敦煌壁画中保存了一幅色彩鲜艳、形象更为生动的斗鸡图，这幅图位于莫高窟西魏第285窟南壁《五百强盗成佛图》中，画面上两只雄鸡竖毛振翼，悍目发光，

酒泉丁家闸十六国 5 号墓北壁 斗鸡图

引颈昂首、尖嘴利爪，正相对作伺机进攻状站立于屋顶，神态乃至力量感都栩栩如
生地表现出来了。

一场酣畅淋漓的球赛

　　"打马球"，简称"马球"，古代又叫"击鞠""击球""打球"，是骑在马上以杖击球入门的一种竞技运动。马球运动不仅训练参与者的体能，同时也培养参与者的骑术、球技和心理素质以及团体精神。

　　关于马球的起源，一般认为是唐代从西藏传入内地的，但也有人根据三国曹植《名都篇》中"连翩击鞠壤，巧捷惟万端"之句，认为"击鞠"至最晚在东汉时期便在中原出现。

　　唐代盛行打马球，则是毫无疑问的。唐宋时期敦煌地区也流行打马球运动，据敦煌文献记载，当地设有球场。如敦煌研究院0001号、P.2639《归义军衙内酒破历》载："（四月）十九日，寒食座设酒叁瓮，支十乡里正纳球场酒半瓮。"皇帝用马球招待天使及来往官员，如P.3451《张淮深变文》载："诏赐尚书，兼加重锡，金银器皿，锦绣琼珍，罗列球场，万人称贺……球场宣诏喻（谕），敕书褒奖……安下既毕，日置歌筵，球乐宴赏，无日不有。"当地名士多善击球，如P.2568《张延绶别传》记载："（张延绶）又善击球，邻帅莫敌。"

　　敦煌文献中还有关于球场上比赛情景的描写，如S.2049、P.2544《杖前飞·马球》："时仲春，草木新，初雨后，露无尘。林间往往林（临）花鸟，楼上时时见美人。相唤同情共言语，闲闷结伴［游］球场。传中手执白玉鞭，都史乘骑紫骝马。青一队，红一队，轲背铃（玲）笼（珑）得人爱。前回断当不盈（赢）输，此度若输后须赛。脱绯紫，着锦衣，银镫金鞍耀日晖。场里尘非（飞）马后去，空中球势仗（杖）前飞。求（球）四（似）星，仗（杖）如月，骤马随风直充（冲）穴。人

衣湿，马汗流，传声相问且须休。或
为马乏人力尽，还须连夜结残筹。"

颇为有趣的是，敦煌还有骑驴击
球的，这种活动更是好玩，极具观赏
性。如S.1477《祭驴文》就称"教汝
托生之处……莫生军将家，打球力虽
（须）摊"，便反映了当时骑驴击球的
情景。

另外，莫高窟五代第100窟西龛
下部的《曹议金出行图》和《回鹘公
主出行图》，即在西龛下部中线两侧
各绘有一身执球杖供奉官。五代第61
窟东壁的《维摩诘经变》中，也绘有
两身执球杖供奉官。

古代敦煌马球比赛的球场旁还
有楼台、亭子之类的看台设施，
如P.3773《凡节度使新受旌节仪》
记载："天使上亭子……就球场断
一……"

敦煌的击球运动除骑马、骑驴持
杖击球之外，还有以步行方式持杖击
球的，类似于今天的曲棍球，称"步
打球"，又称"步打"。它是从马球
活动发展演变而来的，除了不骑马之
外，跟马球运动大体相似。从文献记

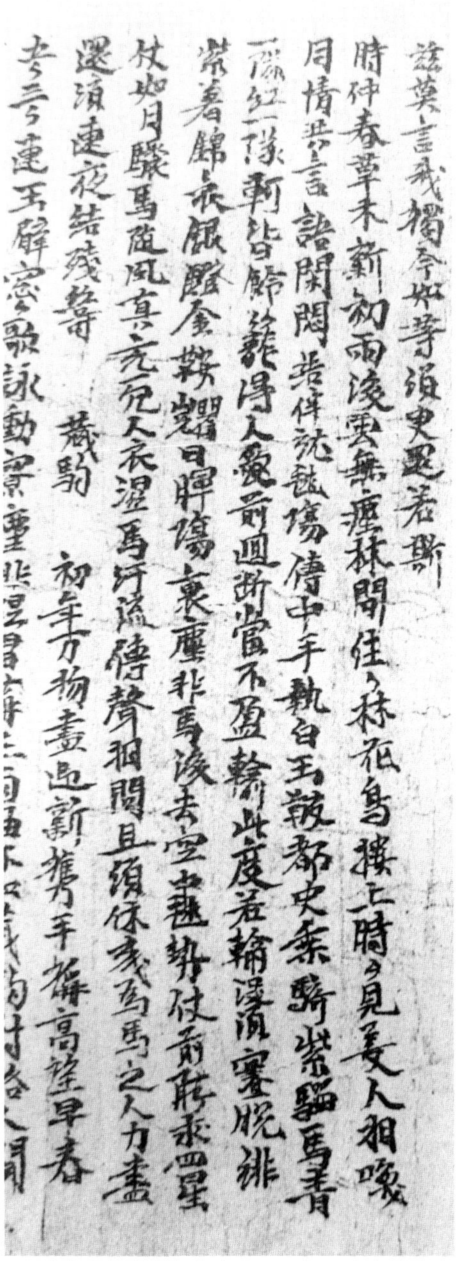

P.2544 杖前飞

五代第 61 窟东壁　维摩诘经变·执球杖供奉官

榆林窟五代第 15 窟南壁　童子击球

载来看，唐宗时期的步打球主要流行于妇女和儿童之间。有关步打球运动的最早记载，见于唐朝代宗大历十年（775年）考中进士的王建所作的一首《宫词》："殿前铺设两边楼，寒食宫人步打球。一半走来争跪拜，上棚先谢得头筹。"在榆林窟五代第15窟南壁，绘一儿童伏跪在莲花座上，左手持一圆球，右手挥举一偃月形的球杖。

唐和五代时期的敦煌儿童也热衷球类游戏，如S.2947、P.3821《丈夫百岁篇》云："一十香风绽藕花，弟兄如玉父娘夸。平明趁伴争球子，直到黄昏不忆家。"有学者认为这里的"争球子"是打马毬，也有学者认为是蹴鞠，但也有可能是步打球。不管是什么，都可见当时敦煌的球类活动很盛行。

遗憾的是，马球和步打球运动现在已不可见了。

倒立与叠罗汉

　　倒立是一种形体技巧运动，也是古代百戏之一。倒立俗称"拿大顶"，汉代称"倒植"，东晋称"逆行"，唐代称"掷倒"，明代称"竖蜻蜓"，等等。倒立有多种表演姿态，最基本和最常见的是双手撑地而立，即足部朝天，手臂在下，支撑全身的重量，成为倒立平衡。

　　敦煌壁画中保存有不少表现倒立活动的画面，最早出现在敦煌壁画中的倒立图是北魏第251窟。该窟四壁以及中心塔柱塔座下方四周绘药叉数十身，分别做各种

北魏第 251 窟北壁下方　药叉倒立图

手舞足蹈、顶天立地等动作，其中北壁说法图下方有一身药叉双掌撑地，昂头，挺胸收腹，屈腿，正作倒立状。

又如西魏第249窟窟顶东披中，绘一高鼻深目的力士双手撑地，挺胸，塌腰，屈腿，正在作倒立状。初唐第220窟南壁《西方净土变》中，莲池绘许多化生童子，其中有个孩子双手撑在莲叶上，挺胸收腹，屈腿，正作倒立状。盛唐第79窟窟顶北披角落也绘有一幅童子倒立图。

中唐第361窟南壁《阿弥陀经变》中将倒立与叠罗汉、柔术等技艺结合。里面绘有一组儿童表演百戏的形象：六位儿童全身裸露嬉戏，中间一童子向后弯腰成拱桥状，上立一童子双手托盘，左腿抬起，足尖托盘，盘子似正在旋转；两侧各有一位童子拍手称快；左端一童子作双手倒立状，右端一童子作单手倒立状。

叠罗汉运动是由两人以上层层叠成的多种多样的人体动作造型，人上架人，重叠成各种形式，具有很强的表演性。

敦煌壁画中也绘有不少叠罗汉的图像，如初唐第220窟南壁《阿弥陀经变》中就有两幅。其画面东侧，一个似穿背带裤的童子屈膝颇感吃力地站在荷叶上，而一身穿红上衣、绿短裤的童子直立在其肩上，两位童子均抬左手，握右拳，头部侧向其左方，似在表演武打动作；他们身后还有一个穿红衣绿裤的小孩童正仰身拍手叫好。《阿弥陀经变》画面中的西侧也绘有两个孩子在表演叠罗汉动作。虽然穿着打扮以及动作造型差别不大，但站在上面的孩子身形略弯，似乎表示重心不够稳；另外其右侧还有一个孩子正在表演倒立动作。

盛唐第217窟北壁《观无量寿经变》也绘有童子叠罗汉的场面：一个孩子两手撑地，仰头，背部往上隆起；另一个孩子右脚踩在其背上，提左脚，一手执莲蕾，一手提莲蓬，表演金鸡独立；一旁还有围观、喝彩助兴的孩子。

瓜州东千佛洞西夏第2窟后甬道西壁南侧的药师佛右侧下方，亦绘有几个童子叠罗汉的场面。三个童子在下面，中间一个童子的肩上又站着一个童子，正伸手欲取药师佛手中之物。几个童子的姿态各异，特别是下面三个童子屈膝、蹬腿以

西魏第 249 窟窟顶东披 倒立图

盛唐第 79 窟窟顶北披 倒立图

初唐 220 窟南壁阿弥陀经变中西侧
叠罗汉与倒立

东千佛洞西夏第 2 窟后甬道西壁南侧 叠罗汉

及捧掌的动作显示出不同的力度，并表现出相互之间的协作，非常形象生动。也有最为简单原始的叠罗汉形式，如盛唐第172窟北壁《观无量寿经变》七宝池中，有许多孩子在水中嬉戏，其中有一个孩子站立在水中，头上有一个孩子双脚叉开骑在其双肩上；下面孩子用手紧紧抓住上面孩子的双脚，上面的孩子双手举着荷叶遮住头部，颇有情趣。

简单的叠罗汉活动大多具有实用性，目的是让上面之人坐着舒服或增加其高度，常见于围观的人群中。复杂的叠罗汉活动则大多具有表演性和娱乐性，除了需要一定的体能外，还需要较高的形体技巧，特别需要相互之间的紧密协调配合。因此这种活动不仅能锻炼青少年的体能和心理素质，训练孩子们的技艺，同时对培养青少年的团体精神也很有帮助。

踏青、登高、滑沙

我国的踏青习俗由来已久，据《后汉书·礼仪志》记载："（三月）是月上巳，官民皆洁于东流水上，曰洗濯祓除、去宿垢疢为大洁。洁者，言阳气布畅，万物讫出，始洁之矣。"最初在三月的上巳日这一天，女巫在河边举行祭神驱鬼仪式，人们都在河里沐浴，洗垢去疾。久而久之，这种祭神活动就演变成了人们外出郊游踏赏春色的习俗。

据《晋书》卷八十七记载，曾统辖敦煌的西凉王李暠"上巳日宴于曲水，命群僚赋诗，而亲为之序"。在李暠的倡导下，敦煌祓禊之风颇为盛行，如S.2832记载："三月三日，暮春上巳，禊事良辰。三月重三，水神捧水心之日。"

唐宋时期，敦煌也继承临水设祭和相聚宴饮等古俗，如P.4640v《归义军衙府纸破历》记载，庚申年（900年）三月三日，"三（东）水池并百尺下、分流泉等三处赛神，用钱财粗纸壹帖"。S.0361、P.2619v、P.3637等卷《屈宴书》也有记载："三月三日，不审何处追赏，欲泛觞曲水，同往南亭，速驾。幸甚！幸甚！"

当时，出外郊游踏青活动与上坟扫墓祭奠先人的仪式也结合起来了。如S.5636《大寒食相迎屈上坟书》中所云："景色新花，春阳满路。节名寒食，冷饭三晨。为古人之绝烟，除盛夏之温障。空携渌酒，野外散烦。□屈同飨先灵，已假寂寞，不宣谨状。《答书》：喜逢嘉节，得遇芳春。路听莺啼，花开似锦。林间百鸟，啭弄新声。渌水游鱼，跃鳞腾鬐。千般景媚，万种芳菲。蕊绽红娇，百花竞发。欲拟游赏，独步恓之。忽奉来书，喜当难述，更不推延。寻当面睹，不宣谨状。"

寒食、清明郊游是古代初春时节踏青的遗风，既可观赏媚景、野外散烦，亦可

盛唐第 130 窟甬道南壁 都督夫人太原王氏礼佛（段文杰 临）

罗列杯盘、相互酬唱，又可清明扫墓、同飨先灵。

唐代时，女子春游踏青蔚然成风。孟浩然《大堤行》云："大堤行乐处，车马相驰突。岁岁春草生，踏青二三月。王孙挟珠弹，游女矜罗袜。"刘禹锡《竹枝词》云："两岸山花似雪开，家家春酒满银杯。昭君坊中多女伴，永安宫外踏青来。"

敦煌壁画中虽然没有以踏青郊游为主题的内容，但也有一些间接反映当时女子踏青郊游场景的画面。盛唐第 130 窟甬道南壁《都督夫人太原王氏礼佛图》，是一幅以人物为主题的贵族妇女礼佛图。前面的都督夫人雍容华贵，身着织花石榴红裙，肩披帛，云髻高耸，发上簪花；身后一女头梳高髻身穿绿裙，另一女头戴凤冠身穿黄裙，分别披有多层丝绢披帛；后面九名小侍女均身穿时髦流行的男儿装，各依年

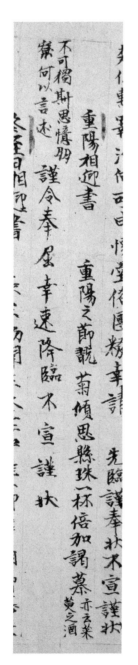

S.2200 重阳相迎书

龄绾结出不同发式，有的以纨扇触面，有的回头顾盼，窃窃私语。画面中钗光鬓影，绮丽纷呈，而在人物背景上，则树以垂柳，植以萱草，花树之间绘以蜂蝶，仿佛嗡嗡有声，在画面上勾画出一片阳春三月、艳阳和煦的景象，风光人物，和谐交融，宛然一群唐代妇女出游踏春的生动场景。

唐宋时期，敦煌也流行登高、滑沙等活动。如敦煌文献S.6537《郑余庆书仪》云："九月九日，昔费长房携酒将家口鸡犬，登高山避火灾，佩茱萸，饮菊花酒以□□□也。至晚还家，屋宅悉被火烧尽也。"S.1053V《寺院破历》也有记载："粟陆斗，麦壹斗换黑豆，登高日用。""九月九日"和"登高日"都指重阳节，饵糕是用大米蒸熟，和豆粉拌制而成，寺院换黑豆正是用来做饵糕。僧人尚且行此俗，可知民间应当更为普遍。

敦煌重阳节的活动包括：友人相邀聚会、玩菊、饮茱萸酒、登高食饵、衙府设宴、乐舞欢度及水边赛神等。S.2200《重阳相迎书》云："重阳之节，玩菊倾思，悬珠一抔，倍加渴慕。亦云茱萸之酒，不可独斟，思忆朋寮，何以言述！谨令奉屈，幸速降临，不宣谨状。"亦正如孙思邈《千金月令》所言："重阳之日必以肴酒登高眺迥，为时宴之游赏，以畅秋志。酒必采茱萸、甘菊以泛之，既醉而还。"由此可知当时的登高活动之盛况。

在敦煌，每年端午节，人们登上离城南5公里的鸣沙山之山顶，然后男男女女一起从山顶往山下滑去。如S.5448《敦煌录》所载："风俗：端午日，城中士女，皆

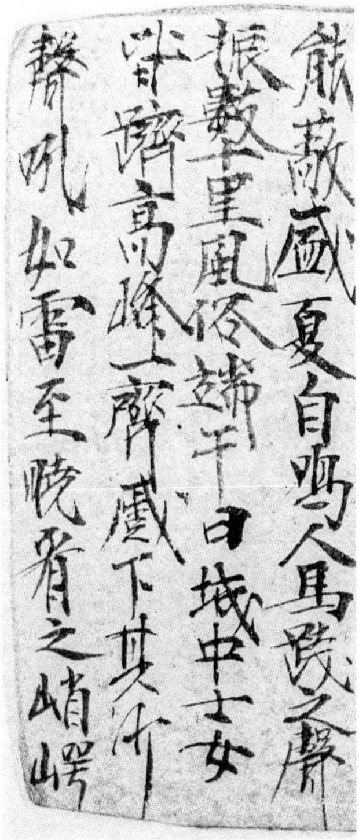
能敲盛夏自鳴人馬踐之聲
振數十里風俗端午日城中士女
皆躋高峰一齊蹙下其沙
聲吼如雷至曉看之峭崿

S.5448 敦煌录

跻高峰，一齐蹙下，其沙声吼如雷，至晓看之，峭崿如旧，古号鸣沙，神沙而祠焉。”数十人、数百人一起下滑，推动流沙疾速奔泻，只见沙浪滚滚，如同一幅一幅锦缎张挂沙坡，又若金色群龙飞腾，耳边骤然响起阵阵轰鸣声，初如丝竹管弦，继若钟磬和鸣，进而金鼓齐鸣，不绝于耳，令人惊心动魄而又玩味无穷。

登高、滑沙，“说起容易做起难”。绵绵细沙，看上去令人心旷神怡，忍不住想在上面翻滚，但在上面爬行，却是进一步，退半步，似乎始终行而不进。因此，登爬沙山实际上是很费体力的一种运动。滑沙，则很需要技巧。如能掌握要领，快速下滑时会觉得两肋生风，驾空驭虚，仿佛有羽化成仙飘飘然感觉；如不得要领，跌跌绊绊，连滚带跳，亦颇消耗体力，不过也别有一番情趣。

第七章

敦煌壁画里的龙飞凤舞

半尊半卑的龛梁龙

龙，是中国古代神话中的动物，也是中华民族的象征之一。我们总说，中国人是龙的传人。但是，考证龙图像的历史演变过程，就会发现在许多时候和许多地方，龙的地位并不是那么显赫。

敦煌早期洞窟中的龙图像，一般绘塑于中心塔柱东向面龛上部龛沿（如窟内无中心塔柱的，则绘塑于西壁龛），也有少数绘塑于中心塔柱南、西、北向面或南、北壁龛。其基本构图形式为：以一龙身连接两龙头，呈口向下的半椭圆状，在上部龛沿绘塑；龙头一般对称性地位于该龛的二分之一或三分之一处。这种构图形式大概受汉代建筑中楼檐、屋脊龙饰的影响。汉代建筑往往就曲线部分刻成龙形。如班固《西都赋》云："因瓌材而究奇，抗应龙之虹梁。"

最早出现在敦煌莫高窟的龙图像，是北凉第272窟西壁龛上所绘的双龙龛梁。龛沿中部为一半圆，两边的龙尾以黑（变色）、红、白、绿四色呈条带向上旋转状靠接半圆。两侧龙首形象均为正面，黑头（变色），绿眼，白牙，舌是在黑底上用白线勾勒，整个构图非常简单。

早期佛教石窟中，在以印度或西域式风格为主体的造像和壁画中，同时也掺杂有纯粹中原式风格的内容，如身着汉式服装的供养人像，和纯粹传统中原风格的龙图像。如莫高窟北凉第272窟和西魏第248窟上所绘、塑的双龙龛梁，其龙首的造型特征都与山东沂南汉画像石墓中的斗拱龙首非常相似。北魏第251、254、257窟以及隋代第419窟等窟中的双龙龛梁，其龙的形象均是角似鹿、头似驼、眼似兔、项似蛇、鳞似鲤、爪似鹰、掌似虎、耳似牛，与西汉王符所说的中国传统画龙的特

西魏第 248 窟中心柱东向龛　龛梁龙首

隋代第 419 窟西壁　龛梁龙首

西魏第 248 窟中心柱东向龛　龛梁龙首

隋代第 419 窟西壁南侧　龛梁龙首

征完全相吻合。还有北周第296窟西壁龛下左侧绘苍龙，右侧绘白虎，正是《楚辞·惜誓》所云："苍龙蚴虬于左骖兮，白虎骋而为右骓。"特别是西魏第249窟窟顶北披东王公图中的御车之龙，其构图形式与沂南汉画像石和晋代顾恺之《洛神赋图》中御车之龙的构图形式完全一样。

另外，北魏第257窟北壁《须摩提女缘品》中的弟子乘龙、西魏第249窟南壁说法图中的华盖龙饰、西魏第431窟窟顶平棋中的变形龙纹图案，等等，都是中国传统特色的龙形象。

在佛教石窟中，居然有这么多具有中国特色的龙图像，按理说我们应该为之自豪、骄傲，可是当我们仔细观看这些龙图像在洞窟中所处的位置时，不仅找不到至尊无上的感觉，反而发现它们在佛祖菩萨造像群中，不仅地位颇低，其形态也颇为谦卑，甚至有些"卑躬屈膝"的意味。如果说东王公乘龙车拜佛暗示皇帝在佛祖面前也要下跪，那么绘、塑在西龛龛梁两侧的两个龙首，则表示我们心目中至尊无上的龙其实是佛教的门将、保镖，也可谓作"护法神"。

大约从北凉到北周和隋初，近300年的时间里，龙就谦卑地守卫在佛龛两侧，这是它

北魏第 257 窟北壁　仙人乘龙

们在早期佛教石窟中具有固定位置（地位），至于其他弟子乘龙、御车之龙、华盖龙饰之类，则只是临时性地偶尔承担的"出差任务"。

　　古代的工匠把至尊的龙安排在佛龛两侧半尊半卑的位置上，体现了中国人的实用主义——谁的权大，谁就是至尊。在佛教传入中国初期，人们把佛看作是比中国本土诸神更有实力、更能帮助自己的大神，于是中国本土神灵纷纷"让贤"，龙图像就这样甘居于佛龛两侧了。

　　龙不仅为佛教当过保镖，也为道教、儒教效过劳；在宗教的权力分配中，龙的地位有尊的时候，也有卑的时候，还有半尊半卑的时候。

龙王礼佛图

在敦煌莫高窟晚期洞窟的窟门两侧，尚保存有不少色彩鲜丽的龙王礼佛图。如五代第36窟前室西壁的门南、门北两侧，绘八大龙王率领眷属赴会礼佛，龙王头戴宝冠，项佩璎珞，身披长巾，龙女头梳单鬟髻，披云肩，着大袖裙襦，皆人身龙尾，双手捧香炉、香花、宝珠等供品在海水中缓缓行进。这些龙王、龙女均有名号，如五代第36窟窟门北侧便可见"大力龙王""大吼龙王""持香龙女"等题名。

榆林窟五代第33窟东壁的门北、门南亦绘制"龙王礼佛图"，其构图形式和人物形象与莫高窟第36窟的龙王礼佛图相似，出于同一样本。敦煌藏经洞所出《莫高窟功德记》中说："出门两颊，绘八大龙王……龙王在海，每视津源，洒甘露而应时，行风雨而顺节。"

榆林窟五代第38窟东壁的门北、门南亦绘制"龙王礼佛图"，此图与莫高窟第36窟、榆林窟第33窟的布局与构图大致相同，龙王皆为菩萨装，在海面巡游，或提笔写经，或手托宝瓶、宝珠，后有龙女、鳌鱼、夜叉随行，前呼后应，浩浩荡荡。其中一龙女头戴花冠，穿大袖裙襦，两颊涂红，额上贴花，手持珊瑚供宝浮游于海上。

显然，浩浩荡荡的龙族队伍从形式到内容与早期洞窟中的龛梁龙和中期洞窟中藻井龙都有所不同。形象不同，所处位置不同，地位也不同。龛梁龙和藻井龙都是中国传统的元素，而龙王的概念和龙王礼佛图所依据的佛经内容以及构图形式都源于印度，不过画面中人物及山水等均已中国本土化了。早期龛梁龙象征祥瑞，但守护在佛龛两侧，形如门神，地位较为卑微；中期藻井龙象征权势，在窟顶张牙舞爪，虎视眈眈，与佛权分庭抗礼；晚期的龙王礼佛图位于窟门两侧，浩浩荡荡的礼

五代第 36 窟前室西壁门南　龙王礼佛图（史苇湘等临）

榆林窟五代第 33 窟东壁北侧　龙王礼佛图

五代第36窟前室西壁门南 龙女（欧阳琳 临）

佛队伍则好像前往中原朝廷献贡的边地小国或地方政权的王族人员。

从莫高窟有关洞窟所绘龙图像的情况和历史背景来看亦是如此。莫高窟有晚唐时期的洞窟60个，而其中绘有龙图像的洞窟仅有几个，只占十几、二十分之一。五代、宋时期的洞窟也只有60多个，而绘有龙图像的洞窟却有30多个，多达二分之一。据学者分析，晚唐时期龙图像之所以很少，大概是因为在汉族人士张议潮率民众推翻吐蕃异族统治后，其侄子张淮深执政期间，多次派人赴长安求旌节没有成功，张氏归义军地方政权被朝廷猜疑，便不敢独自称王（称龙），而潜意识又不愿歌颂那不肯施恩的皇上（龙）。历史上这一时期河西地区与中原的联系，虽然有所加强，但这种联系中充满了辛酸，是河西地方政权请求中原朝廷支持，而中原朝廷因国力衰弱，无暇顾及，两者关系微妙。敦煌遗书S.6342《张议潮进表》中便谈到当时朝廷"以边陲路远，馈运不充，比于赘疣，置之度外"，便抛弃"河西陇右陷没子孙"，将河西地区"弃掷不收，变成部落"，让河西人民长期被异族奴役等可悲可叹之复杂情景。

据史载，张氏政权最后一人张承奉自称白衣天子，建西汉金山国，割据称帝，但以失败告终。随后曹议金掌权，立即去帝号，积极设法恢复与中原王朝的归属关系，恢复归义军旧称，并告诫子孙无论什么情况下都要永远奉中原朝廷为正统。当时中原各地藩镇相继割据称帝，而远处河西走廊的曹氏政权率民众心系中原，既有利于国家统一，又有利于曹氏政权的巩固，实是明智之举。不仅如此，曹议金还加强与周边少数民族政权建立友好关系，不仅自己做了甘州回鹘的女婿，并将一女嫁甘肃可汗为妻，一女嫁于阗国王李圣天为妻。周边少数民族也因此受到中原传统文化影响，如五代第98窟供养人像中于阗国王李圣天身着龙袍，其妻头戴凤冠。另外，西夏第409窟中的回鹘王礼佛图中，回鹘王不仅身着龙袍，后面还有一侍从执龙纹翚扇。五代、宋时期龙图像的增加，特别是大量龙王礼佛图的出现，应该说和政治历史背景有关。

另外，这一时期与龙王礼佛图并存的窟顶团龙、双龙、四龙、四凤藻井等龙凤

榆林窟五代第 38 窟东壁门北　龙王礼佛

榆林窟五代第 38 窟东壁门北　龙女

图像，也反映了地方政权与中原王朝的关系。绘制团龙一方面是歌颂中原王朝、感激中原王朝的恩典，另一方面也表达自己是龙的传人。而绘制双龙、四龙藻井就可能有两种意思：其一仍是歌颂中原王朝，其二表明自己是辅助中原王朝的佐臣，也暗示自己是"诸侯"，是"地方龙"。特别是窟门两侧的龙王礼佛图，更是反映了各地方政权在中原王朝面前的一种自卑或自谦心理，但同时也表现了他们在一定范围内相对为王的自尊、自大心理，因此都甘愿以礼佛之龙自居。

龛梁龙位卑，藻井龙位尊，礼佛之龙的地位亦尊亦卑。其实，在龙王礼佛图中，龙王的地位并不是最重要的，最值得注意的是图中的龙王不是唯一的，更不是至高无上的，而是由八大龙王同率以龙女为代表的龙后、龙子、龙孙等一大龙族。

所以，龙王礼佛图反映的实际上是一大群人的情感，反映了由地方政权代表的河西各族人民心向中原，特别是当河西地区被中原王朝重新认可后的归国情感。

团凤团龙，各领风骚

敦煌壁画中，西夏时期的装饰图案，以龙凤图案最为突出，在藻井、冠服、旌旗上随处可见组合的飞云团龙、二龙戏珠、五龙飞腾、单凤展翅、双凤盘旋等，但最突出并有明显分庭抗礼意味的是藻井团龙、团凤。

西夏洞窟藻井中绘制了很多龙凤图案，一方面说明西夏党项民族吸收了中原汉民族的文化艺术，另一方面则是西夏皇室贵族为了彰显他们与中原汉族天子王妃同样高贵。重要的是，龙象征天子和至高无上的皇权，特别是西夏开国皇帝李元昊一贯主张要与中原汉族皇帝平起平坐，分庭抗礼。

晚唐第16窟内西夏重绘的窟顶藻井，浮塑彩绘团凤四龙图案，红色方井中心

第16窟窟顶西夏绘 藻井团凤四龙

西夏第 245 窟窟顶 藻井团龙

绘一五彩卷瓣轮形大莲花，四角各浮塑一条涂金蛟龙，蛟龙张牙舞爪，环绕大莲花飞腾；绿色的大莲花中心圆内，浮塑一只金凤凰，口衔一颗火焰宝珠，凤凰展开双翅，作飞翔之态；凤尾特别长，与凤颈相接，曲卷为圆形。莲花中心的凤凰和四周的蛟龙，都向着同一方向飞翔、旋转，使整个藻井图案产生很强的运动感。中心莲瓣以多种色彩叠晕，四周边饰采取沥粉堆金，其余则施以绿、朱、金等对比鲜明的色彩，整个画面显得金碧辉煌、耀眼夺目。

中唐第 234 窟内西夏重绘的藻井，方井中央石绿底色上绘制一条浮塑描金的戏珠蟠龙。蟠龙身躯细长，长尾和前爪相接，组成圆环形；龙头在圆环中心，口衔一颗火焰宝珠；蟠龙周围，用橘黄的团云纹和五色宝珠花纹组成一朵大莲花；方井四角浮塑四条描金蟠龙；四条蟠龙环绕大莲花飞腾旋转，腾云吐雾，周围云纹飞旋；五条巨龙在充满动感的藻井中显得生机勃勃。

盛唐第 130 窟内西夏重绘的藻井图案结构和内容虽与第 234 窟相似，但却是莫高窟最大的，仅中心方井，每边长 3.5 米，面积为 12.25 平方米，加上该洞窟高达近 30 米，故显得更有气势。

西夏第245窟藻井中心绘一张牙舞爪的蟠龙，四角绘云气纹。整个构图设色清新、典雅、细腻，一片片鳞甲，一根根龙鬣，一颗颗尖牙，都清晰可见；锐利的龙爪，以及爪上因用力暴突的肌肉，再加上腹背分层晕染产生的立体效果，使整条龙不仅显得异常凶猛，更有气势，并且更为灵动。

在这些有藻井龙的洞窟中礼拜佛陀时，就有礼拜龙、礼拜皇上的意味。虽然信徒很少朝窟顶礼拜，但窟顶藻井龙气势逼人，从窟顶俯视着龛内的佛像，也反映了皇权与教权在佛教石窟中的分庭抗礼，甚至有以皇权取代教权的意味。洞窟内的两个重要位置，西壁龛内是佛陀稳坐其中，窟顶藻井龙则是暗示皇帝高高在上。结合窟内都是佛教内容来看，藻井龙则又暗示天子即佛，佛即天子，所以我们也可以把藻井龙看成是天子与佛的结合体，是皇权与教权的结合。

被释迦降伏的毒龙

在莫高窟隋代第305窟西壁南侧，有一幅释迦降伏毒龙说法图，这是隋代洞窟中仅有的一幅因缘故事画（绘制释迦牟尼成佛后说法教化的种种事迹的壁画）。图中释迦牟尼佛身着浅褐色大圆领袈裟，交脚坐于方形须弥座上；释迦右手托钵，钵中盘一毒龙，形状如灰蛇；左手作抚按状。左右有四身菩萨立于菩提树下，拈花供养。

这幅图是依据《佛本行集经·迦叶三兄弟品》所绘制。据佛经记载，释迦修

隋代第305窟西壁 释迦降服毒龙

行成佛后，便去教化迦叶三兄弟。当时有一条毒龙常常为害百姓，"其龙甚有大神通力。有大恶毒。有猛厉毒"。面对这条毒龙，迦叶即使祭请火神都无法降伏。于是，释迦来到毒龙的住处，毒龙放出猛火，茅舍燃起大火，唯有释迦坐处寂静无火。最后释迦持钵说偈，毒龙被收进佛钵之中，火毒即灭。迦叶三兄弟自叹不如。

壁画中所绘毒龙为灰蛇形状，应是从印度传来的龙图像，与北朝时期龙图像均是中国传统造型大相径庭。早期佛教传入中国，使用中国本土龙图像造型，而佛教发展到了隋代，基本站住了脚跟，反过来又将印度的东西引进，这是颇为有趣的现象。

关于毒龙，佛经中有很多记载。通过隋代第305窟的释迦降伏毒龙说法图以及佛经中有关毒龙的记载，我们可以认识到，龙有很多种类型，不仅有尊卑之分，也有善恶之区别。

显贵呈祥凤鸟纹

　　龙有尊卑善恶，凤鸟却不然，它只展示美丽的一面，显示的是尊贵的地位，寓意的是吉祥的祝愿。

　　敦煌壁画中的凤鸟纹样主要出现在人物的衣冠服饰上，也出现在华盖、龛楣、藻井以及一些器物装饰中，偶尔也出现在经变画里。

　　出现在人物衣冠服饰上的凤鸟纹样，如五代第61窟东壁北侧所绘于阗国王之女，头戴之凤冠，其凤展双翅，卷尾，凤身上镶嵌着许多绿色珠宝；身后其余女供

五代第61窟　回鹘公主陇西李氏供养像　　第409窟　回鹘女供养人

西魏第 249 窟北壁　说法图中的凤鸟

西魏第 285 窟南壁龛楣　凤鸟

五代第 61 窟藻井边饰　狮凤纹

养人也头戴凤冠，但形体较小，以示地位之差别。东壁南侧所绘曹议金之女，头戴珠宝凤冠，身披凤鸟罗巾。晚唐第138窟女供养人身穿的团凤花纹大袖长裙、五代第98窟于阗国王后曹氏供养像头戴的凤冠、第409窟回鹘女供养人的桃形凤冠等，均显示了与众不同的高贵地位。

　　西魏第249窟北壁佛说法图中，华盖两侧各绘有一只凤鸟，青冠、鸡头、蛇颈、挺肚、展翅、翘尾而飞、口衔流苏，生趣盎然。该窟窟顶南披，绘西王母乘坐三只凤鸟拉着鸾车，努力在天空中向前飞奔。西魏第285窟南壁龛楣中，绘两只凤鸟侧身相对而立、红喙蓝冠、挺肚、展翅、尾羽飘动，四周画卷草纹蜿蜒缠绕。西夏第16窟窟顶藻井中心，巨大的莲轮中，一只展翅飞翔的凤鸟正在追逐一颗火焰宝珠，莲轮外四角，绘四条腾飞追逐的龙，整个藻井富有动感。这些画面中的凤鸟，一方面衬托出相关人物的尊贵地位，另一方面也寓意吉祥如意。

　　初唐第220窟北壁《东方药师经变》中，出现了器物中作为装饰的凤鸟纹样。一架灯轮顶端饰一只彩凤，鸡头、一脚提起、展双翅、尾上翘，侧身轻盈地站立于莲花之上。下方灯轮中火焰正在熊熊燃烧，颇有点凤凰涅槃的意味。晚唐第17窟北壁东侧比丘尼手持双凤团扇，椭圆形扇面上，左右对称各画一凤鸟。凤鸟相对而立，均挺胸站在莲花上、口衔花枝，尾羽高翘。又如榆林窟五代第16窟甬道北壁绘回鹘公主供养像，她身后三个侍婢，分别持扇、抱琴和抱镜，扇面上描绘对凤展翅、均挺肚、尾上翘、口衔花枝昂首站立于莲座之上。扇面地色为赭红色，扇面上的对凤虽已变色，现已变为黑色的线描图，但图像清晰，还带有几分剪纸的效果。

榆林窟五代第 16 窟甬道北壁　扇面上的凤鸟纹　　晚唐第 161 窟窟顶西披　凤首弯琴（欧阳琳 临）

榆林窟中唐第 15 窟前室窟顶　凤首弯琴

初唐第321窟西壁天宫栏墙下方描绘一迦陵频伽正在演奏凤首箜篌，这是敦煌壁画的乐器中的凤鸟纹样，榆林窟中唐第15窟前室窟顶描绘一飞天正在演奏凤首弯琴。此飞天身披长巾，神态安详，一手握琴，一手拨弦，动作自然。中唐榆第25窟南壁《观无量寿经变》中所描绘的共命鸟乐伎也正在演奏凤首弯琴作演奏状，也是一手握琴，一手拨弦。这两幅壁画中的凤首弯琴都只有一根弦。晚唐第161窟窟顶西披的一身伎乐飞天也正怀抱凤首弯琴，一手握琴，一手拨弦，作演奏状。

初唐第332窟南壁及东千佛洞西夏第2窟中心柱背面《涅槃经变》中，出现在经变画中的凤鸟纹样，凤鸟前来为佛陀举哀，画面中凤鸟，鸡头、挺胸、展双翅、尾羽上翘，神采奕奕。这里的凤鸟作为瑞禽呈祥，同样也暗示佛陀的崇高地位。

另外，敦煌壁画的许多装饰性图案中也绘有凤鸟纹样，如五代第61窟的藻井边饰中，以凤鸟和狮子为主要纹样，用对称形式组成花边：中间为一束鲜花，两侧凤鸟立于莲花之上，喙衔宽大的绶带，前有光焰四射的宝珠，尾部则演变为美丽绽放的花叶；凤鸟后面各立一狮子，反向，昂首挺胸，两爪向前，作献宝状，背景为流动的彩云，显然是狮凤呈祥的景象。

第八章

壁画里的魔怪

魔王波旬

佛教中的魔王，名波旬，为天魔中之王，即欲界第六天之他化自在天主。波旬，为音译，又译作波卑掾、波椽、波鞞、陂旬、波俾、播裨等，意译为杀者、恶者、恶物、极恶、恶中恶、恶爱等。

据佛经说，魔王波旬时常率领其眷属对人界的修道者设置种种的障碍和干扰，扰乱求道者之心志，阻碍修行者成道。特别是魔王获悉释迦在菩提树下修行即将成道的消息，恐怕佛陀成道后，"化度我民拔生死根，入无余涅盘永不复还，空我境界，是故起恨仇嫉。又见欲界人皆往趣佛不来归己，失供养，故心生嫉炉"。于是采取各种办法试图扰乱释迦心志，阻碍其修行成道。

释迦住王舍城耆阇崛山修行时，魔王波旬"执大团石，两手调弄，到于佛前，碎成微尘"，然而不能动释迦"一毛发"。魔王波旬又"化作大龙，绕佛身七匝，举头临佛顶上，身如大船，眼如铜炉，舌如曳电，出息入息若雷雹声"，释迦仍岿然不动。

其实，魔王波旬扰乱求道者之心志、破坏修行者成道的重要武器是"六魔钩"。"六魔钩"，也就是六条魔爪，就像六条锁链随时潜伏在世人的六根门头，伺机勒住世人的喉咙。只要对六尘产生一点贪爱，脖子上就会被挂上一条铁链。

所谓的"魔"，所谓的"六魔钩"，其实就是扰乱世人的种种欲望、思想和行为。

魔王波旬试图破坏释迦修行成道的行为，虽然得到魔女和魔军的支持，但他的儿子商主则坚决反对。商主在获悉父亲要阻扰释迦成道的消息后，急忙赶来劝阻，说："父王，千万不可轻举妄动呀！您如果因此与悉达多太子结下怨仇，将来一定会后悔的。"但魔王波旬仍然一意孤行，最后魔王果然一败涂地，结果正如敦煌文献P.2187《破魔变文》所云："此祭（际）世尊成正觉，魔王从此莫声多。"

北魏第 254 窟南壁　降魔变

233

敦煌壁画北魏第254窟、北周第428窟、榆林窟五代第33窟等洞窟中绘制的《降魔变》，便生动形象地描绘了魔王波旬率领魔军进攻释迦、试图阻扰释迦修行成道的激烈场面。

北魏第254窟南壁的《降魔变》的画面正中为释迦牟尼结跏趺坐，左手执衣裙，右手作"指地印"，神态泰然，镇定自若。释迦两侧绘魔兵魔将，有象头、羊头、虎头、马面，甚至以乳为目，以脐为口，奇形怪异，狰狞怪异，杀气腾腾，或张弓搭箭，或操戈持剑，或吐火放蛇，企图用武力干扰释迦。释迦的右下侧绘魔王波旬和魔子商主，魔王头戴兜鍪、穿战甲、登长靴、侧目怒视释迦牟尼，欲拔剑加害。魔王之子身穿交领菱格长袍，跪在魔王身后，正在劝谏魔王不要破坏释迦牟尼成道。另外，画面下部右侧画魔王的三个女儿，正搔首弄姿，企图诱惑释迦；左侧则画3个皱纹满面、头面干瘪、白发覆顶的老太婆，表现释迦毫不动心，将三美女变成了沮丧的三丑妇。从艺术角度看，画面上部，两侧魔军之形象层层叠压，拥挤混乱，用"密"和"动"构成强大的张力，压向坐在中间的释迦；但释迦的背光和头光以外弧的多层拱形构成外扩的张力，与内压之力取得平衡，使中间坐的释迦更显得高大稳健，很好地表达了魔军必败的情态。

敦煌文献P.2824《三界九地之图》从下往上描绘了虚空、风轮、水轮、金轮、地狱、九山八海、四大洲、日宫、月宫、欲界六天、色界十八天、无色界四天等；图像中间或两侧共计书写约1200字的榜题。其中"欲界六天"的宫殿在帝释天、忉利天等宫殿的上方，均为庑殿式殿堂，屋顶都有一对鸱吻，两侧均绘云彩。这里也就是魔王波旬居住的地方。

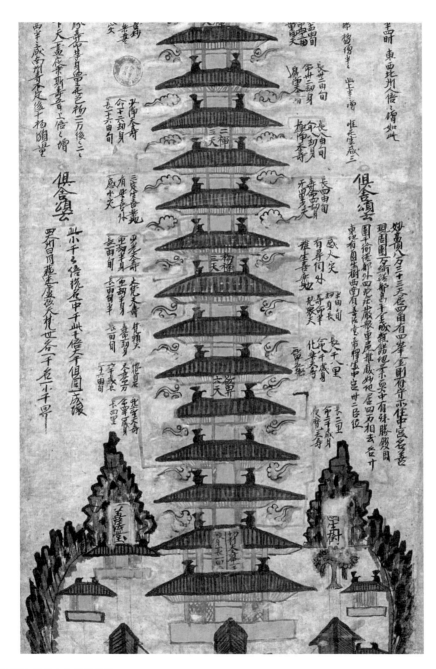

P.2824 三界九地之图之三

235

各抒己见的魔子们

据佛经记载，魔王波旬有1000个儿子，当他打算破坏释迦修行成道时，他的这些儿子，"助菩萨者，有五百子，商主为首，在魔波旬右边而坐。其中助魔波旬之者，亦有五百，第一头首名为恶口，在魔波旬左边而坐"。

魔王波旬准备破坏释迦修行成道时，也征求魔子们的意见。他对魔子们说："汝等诸子，我今共汝，进退筹量。欲取汝等子别意智，共作何计，若为力能降伏菩萨。"

面对父王的询问，魔子们议论纷纷，各抒己见。坐在魔王波旬右边的长子商主认为："只有敢于挑衅正在睡觉的大蟒蛇，而且力大无比能够将发狂的大象提起来随意扔摔之人，才可能与正在修行的释迦相斗，我们都没有这个能力。"

左边的次子恶口则狂言道："我的力量巨大无比，我可以将大树连根拔起，人们见了都要胆战心惊，修行的释迦见了我也会远远地躲藏。"

右边一位名叫妙鸣的魔子则说："如果我们的人能够随意'浮渡于大海'，而且能够将大海的水全部喝干，才可能与菩萨相抗衡。"

左边一位名叫百斗的魔子狂言道："我的身上长有百臂，一臂能射三百箭。父王莫要忧愁烦恼，我一个人就能破坏释迦的修行。"

另一位叫严威的魔子也狂言道："我能在天空中呼风唤雨、吐火喷雾，破坏释迦修行，令彼身如一聚灰，若猛火焰烧干草。"

右边一位名为善目的魔子则不以为然："即使你的能力可以让须弥山崩塌，让天上的一切宫殿尽坏，让大海诸水皆枯涸，让日月从空中坠落，能使炽热的太阳光变得冷如冰，让天宫堕落于地，修行的释迦在菩提树下也稳如泰山，丝毫不移。"

左边一位名叫报怨的魔子又狂言道："我能够一手执日、一手持月，能够控制虚空星宿及诸辰，能够将四海之水纳入手掌内，对于这个修行的释迦，我轻而易举就可以将他掷到海外边。"

右边一位名为德信的魔子则说道："正在修行的释迦，他的能量巨大，他独自就能破我们大魔军。"

左边一位名叫求过失的魔子对魔王说："我的身体刀枪不入，再加上身着铠甲，千军万马都不是我的对手。因此，父王莫要畏惧那个修行的释迦。"

右边一位名为福德璎珞庄严的魔子则反对道："再大的力量，都难以破坏释迦

北魏第 254 窟南壁　降魔变·魔王与魔子

的四谛真体，他的智慧像利箭一样轻而易举就会把我们降服。"

左边一位名叫恒作罪的魔子道："我吃的喝的是各种有毒的东西，我身体处处都有剧毒，我的手指所接触到的器物都立刻变成灰，我的两支毒手能将修行的释迦化为尘土。"

右边一位名叫成利的魔子则说道："三千世界毒满中，世尊观之无怖畏。"

左边一位名叫贪戏的魔子打算用音色美女来破坏释迦修行："我将音声过万亿，严饰玉女数百千，于彼幻惑乱其心，令失寂禅受诸欲。"

右边一位名叫法戏的魔子则认为用音色美女摇不了释迦修行的心志。

左边一位名叫捷疾的魔子仍然不服气，他说："我力捷疾搦日月，亦能截断劲火风，撮取沙门置父前，如碎麦芒被吹散。"

魔王波旬右边一位名叫师子吼的魔子则说："我等之所以夜郎自大，是因为不曾听过大狮子吼。山林中的各种凶猛野兽听见世尊的狮子吼，都四散奔驰走百方，如是我等一切魔，也抵御不了世尊的狮子吼。"

另一位名叫善思的魔子也说："哪怕我等魔子众多如恒沙，不管采用什么方法，也不能伤害释迦的一丝毛发，更不能将其杀害或破坏其修行。我等最好是放下恶念，前往释迦修行处认错请罪。"

众魔子们各抒己见，争论不休，正如佛经中所云："如是乃至一千魔子，于其中间，或有助白，或有助黑，各自随心，说其意见。"

以长子商主为代表的魔子们，主要强调己方的力量不如释迦，故竭力劝阻父王千万不可轻举妄动，反对父王带领众人去破坏释迦修行成道。而以次子恶口为代表的魔子们，则强调自己的力量如何强大、厉害，认为一定能战胜释迦，故支持父王率领众人去阻挠释迦修行成道。

魔王波旬听了众魔子的议论后，斥责商主道："你这小子懂得什么？你难道不知道父王我的神通变化和威力吗？"魔子商主则说："父王的神通虽然威力厉害，但与释迦的广大神通、福德威力相比，父王可就差远了呀！父王如果不听为儿的劝

北周第 428 窟北壁 降魔变·魔王波旬与魔子商主

告，到时候后悔就来不及了。"

　　魔王波旬仍然不听商主等魔子的劝阻，带领魔军，前往世尊正在修行的菩提树下，执意要和释迦决一胜负，破坏释迦修行成道。

　　敦煌壁画中描绘了魔子商主竭力劝阻魔王波旬的生动形象，如北魏第254窟南壁《降魔变》中，描绘的魔王波旬头戴兜鍪、穿战甲、蹬长靴，侧目怒视释迦牟尼，欲拔剑加害。魔王之子商主在魔王身后，穿交领菱格长袍，正在劝谏魔王不要破坏释迦牟尼成道，免得自招祸咎。

　　北周第428窟北壁《降魔变》中，魔王身穿盔甲，手执长剑。他身后的魔子商主身穿菩萨装，头戴三珠宝冠，上身祖裸，下系长裙，正在劝阻魔王不要破坏释迦牟尼成道。

魔女变老妪

魔王波旬企图阻挠释迦修道成佛，遭到长子商主等魔子的反对，虽然有次子恶口等魔子的支持，但依然闷闷不乐。

魔王有三个女儿，一名恩爱，二名常乐，三名大乐（或分别名染欲、悦人、爱乐）。三个女儿花容月貌，头插凤钗，身挂绮罗，臂缠璎珞。她们看见父王闷闷不乐，于是一起前来寻问："不知父王最近因何缘故，如此忧愁苦闷？"

魔王波旬便把心中的忧闷说给女儿们："人世间有一位沙门瞿昙，正在菩提树下苦修。一旦他修行成道，他的能力就会超越我的魔法威力，世界一切众生就会敬仰信奉他，都会皈依于他，我们管辖的地盘和势力范围就会丧失。因为这个缘故，我才这样忧愁。我想在他没有成道之前，破坏扰乱他的心志，摧毁他成道的桥梁。"

三个魔女听后，一起说道："父王不必忧愁！这等小事不用劳动父王，我们有办法破坏释迦的心志，让他无法成道。"

于是三个魔女打扮得花枝招展，带领着五百玉女，扇香风而塞路，直从上界来到释迦修行之处。歌舞齐施，管弦竞奏，淫欲之辞，欲乱释迦心志。

世尊用手一指，三个年轻貌美的魔女立刻变成了三个年迈的老太婆。奇丑无比，眼如珠盏，面似火曹，额阔头尖，胸高鼻曲，发黄齿黑，眉白口青，面皱如皮裹髑髅，项长一似筋头锥子。浑身锦绣，变成两幅布裙；头上梳钗，变作一团乱蛇。三个魔女惊恐万分，后悔不已，遂即佛前跪拜认错求饶。

佛心慈悲广大，又用手一指，三个魔女便恢复了之前的美丽容貌。从此三个魔女改邪归正，皈依佛法。

　　敦煌壁画中生动形象地描绘了释迦将三魔女变成三丑妇的故事情节，如第254窟南壁的《降魔变》。北周第428窟北壁《降魔变》中则绘两个美丽的魔女被释迦用神通变成又丑又怪的老太婆后互相哀叹美貌不再。

　　榆林窟西夏第3窟东壁《降魔变》中，被释迦以神通力变成老丑妇人的魔女形象，是一个正在照镜的魔女。画面中，变成老妪的魔女老态龙钟，敞胸露怀，双乳下垂，皱纹满面，头发稀落，面容狰狞丑陋。正在手持铜镜照看的魔女，看到自己在镜中的形象，捶胸哀号。

北魏第254窟南壁　眉目传情的魔女

北魏第 254 窟南壁　降魔变中的三魔女

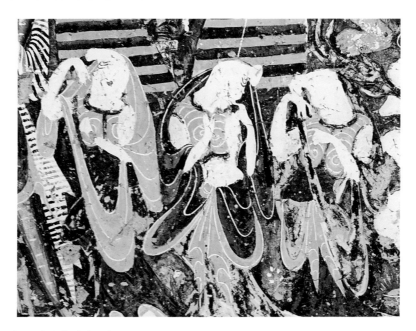

北魏第 254 窟南壁　降魔变中的三丑妇

北周第 428 窟北壁　降魔变中的二丑妇　　　　榆林窟西夏第 3 窟东壁　照镜的魔女

　　晚唐第156窟前室窟顶《降魔变》中，画面正中绘佛陀结跏趺坐，佛陀右侧下部画魔王的三个女儿，身着汉式宽袖长裙，分别手持琵琶、笙箫等乐器，正试图通过"管弦竞奏，淫欲之辞"来扰乱释迦的心志。佛陀左侧下面则画三个老妪落荒而逃，一个身体佝偻，步履蹒跚，拄杖而行；一个举镜自照面容，惊愕不已；一个回首张望，惊魂未定。

气焰嚣张的魔军

据《修行本起经》记载，魔王波旬看见自己的3个女儿被释迦用神通变成老丑妇，恼羞成怒，"益大忿怒，更召鬼神王，合得十八亿，皆从天来下，围绕菩萨，三十六由旬。皆使变成师子熊罴虎象龙牛马犬豕猴猿之形，不可称言；虫头人躯蚖蛇之身鼋龟之首，而有六目；或一颈而多头，齿牙爪距，担山吐火，雷电四绕，攫持戟鋣"，企图派魔军用武力破坏释迦修行成道，但"菩萨慈心，不惊不怖，一毛不动。光颜益好。鬼兵不能得近"。

《佛本行集经》中还详细描述了魔兵的形象。敦煌藏经洞出土的P.2187《破魔变文》中也有生动的描写。

释迦面对魔军的猖狂进攻，不惊不怖，淡然处之。随即用神通力，使魔军中抱石头的不能举起，举起的不能落下；使飞刀舞剑停在空中，使雷电风火变成五色香花，使恶龙毒雾变成白云清风。

这时，魔王波旬的长子商主"即以头顶礼菩萨足，乞求忏悔"，对世尊求道："恕亮我父！我父无智，不识道理。"

魔王波旬看见菩萨坐在菩提树下，神态泰然，镇定自若，又见儿子替他苦苦求情，后悔不已，便恭恭敬敬向释迦叩头认罪，然后率领丢盔卸甲的魔兵魔将们返回魔宫。

敦煌莫高窟北魏第254窟、北周第428窟、晚唐第156窟，榆林窟五代第33窟、西夏第3窟等洞窟以及敦煌绢画中的《降魔变》都描绘有魔王波旬率领魔军干扰释迦修行、释迦以神通力降服魔军的故事情节。画面正中一般为释迦牟尼结跏趺坐，

晚唐第 156 窟前室窟顶　降魔变中的魔军

北魏第 254 窟南壁　降魔变中的双面魔军

北周第 428 窟北壁　降魔变中的魔军

北魏第 254 窟南壁　降魔变中的羊头魔军

北魏第 254 窟南壁　降魔变中的骷髅魔军　　藏经洞出土五代绢画　手持喷火兵器的魔军

榆林窟西夏第 3 窟南壁　吓得蜷缩发抖的魔军　　榆林窟西夏第 3 窟南壁　惨败坠落的魔军

左手执衣裙，右手作"指地印"，神态泰然，镇定自若。释迦两侧绘魔军妖众，有象头、羊头、虎头、马面、蛇头等，甚至以乳为目，以脐为口，奇形怪状，狰狞怪异，杀气腾腾，或张弓搭箭，或操戈持剑，或吐火放蛇，企图用武力干扰释迦。有的也描绘了魔众失败后的各种狼狈状态。

第九章

敦煌是这样营建的

乐僔见佛光而开莫高窟

敦煌莫高窟的开凿创建，武周圣历元年（698年）立《大周李君莫高窟佛龛碑》有专门记载："莫高窟者，厥初秦建元二年（366年），有沙门乐僔，戒行清虚，执心恬静，尝杖锡林野，行至此山，忽见金光，状有千佛，遂架空凿岩，造窟一龛。次有法良禅师，从东届此，又于僔师窟侧，更即营建。伽蓝之起，滥觞于二僧。"

乐僔和尚在鸣沙山麓开凿了莫高窟第一个洞窟，法良随后在其窟侧开凿第二个洞窟后，敦煌佛教艺术之花便从此绽开。从此，莫高窟对面的三危山，即乐僔所见

三危山

闪现佛光之山，便成了人们心目中神秘莫测的圣山。

三危山，顶峰海拔1800多米，山势险峻，正如古人所云："三峰耸峙，如危欲坠，故云三危。"主峰顶上，古代曾建有寺塔，但至清末只是保留遗址而已，至今尚存的是1928年在废址上修建的王母宫。有神话说西王母曾住在三危山上，并有三青鸟送信引路。

从山顶俯瞰群山，重峦叠嶂，峥嵘突兀，或似万马奔腾，或似汹涌浪潮，或似血染沙场，气势磅礴，令人浮想联翩。

沿山脊南望，峰峦山谷间，隐约可见散落着的几处寺、塔、牌坊，即曾保存有宋代慈氏塔的老君堂，至今尚有甘泉涌出的观音井，在蓝天中兀然而立的"南天门"等。

凭空西望，宕泉河像一缕缠绵而悠长的青色飘带。透过河西岸那疏密相间的绿叶青枝，银灰色的砾岩峭壁上蜂拥错杂的古洞飞檐，在一片紫烟云气之中若隐若现，那就是千佛灵岩——莫高窟。再向西北望去，戈壁大漠深处一簇绿色，敦煌城便隐约于其间。

三危山那赤褐色岩石中，矿物成分有钾长石、斜长石、石英、云母、磷灰石、角闪石等，其中云母矿物又包含黑云母、白云母、金云母、绢云母等。在阳光照射下，含有不同矿物成分的山体表面自然会反射出奇异多彩的金光。这就是"三危佛光"的秘密。

古代颜料标本库

　　几乎所有到敦煌莫高窟参观的人，都会为洞窟中丰富多彩的壁画和彩塑感叹不已，禁不住会问：这些灿烂的壁画和彩塑使用的什么颜料？一千多年来这些颜料有什么变化？这么多不同品种的颜料从何而来？

　　敦煌石窟不仅是闻名中外的艺术宝库，同时也是一座丰富的古代颜料标本库。这里保存了1600多年间十多个朝代的大量颜料样品，真实地反映了各种颜料历经千百年自然演变的状况。

　　敦煌石窟中历代所用的颜料中，白色颜料有高岭土、白垩、云母、滑石、石膏、碳酸钙镁石、白铅矿、角铅矿、石英等；红色颜料有土红（包括赭石、铁丹、煅红土等）、辰砂、朱砂、铅丹、雄黄、雌黄、胭脂等；蓝色颜料有石青、青金石等；绿色颜料有石绿、氯铜矿；棕黑色颜料有炭黑（或墨）、铁黑和变色颜料二氧化铅；黄色颜料有藤黄；金色颜料有金粉或金箔；银色颜料有云母、银粉。这些颜料主要为天然矿物质颜料，性能大多稳定，因此壁画、彩塑颜料的色泽保持至今，仍然光彩夺目。

　　不过，敦煌壁画中所用的颜料也有变色的情况，如早期壁画在使用凹凸法晕染人物面部时，其肉色中混合的铅白、铅丹，年久日深，随混合的多少不同，有的由红变灰，有的变黑，壁画中的人物现在大多呈现灰色肌肤，粗黑轮廓；同时，在白色眼球上描绘的双目经岁月磨损，线迹消失，双目及鼻梁在颜面上显得突出，形如白色书写的"小"字，即所谓"小字脸"。另外，也有因变色而形成白鼻、白眼、白眉、白齿、白下巴的特殊颜面。这种五白现象在北周第428窟有比较集中的表

北周第 428 窟西壁 涅槃变中的小字脸

西魏第 249 窟南壁 天宫伎乐·小字脸

现，即所谓"五白脸"。科学分析认为，壁画中红色之所以演变为棕褐色，是因为不稳定的四氧化三铅（铅丹）经过千百年大自然光和热的长期氧化成为棕褐色的二氧化铅。在显微镜下可以看出，表面一层棕褐色的底下（内层）是未变色的粉红色铅丹，是二氧化铅和铅丹的混合物，这说明表层铅丹经长期氧化生成二氧化铅，内层接触空气较少，变化较为缓慢。另外，铅白比铅丹更容易分解，首先氧化生成铅丹，然后又进一步氧化，生成了稳定的二氧化铅。因为自然氧化比较缓慢，所以变色过程很复杂，红色先变浅，后变白，最终变成棕黑色。如果铅丹和不变色的白色颜料混合使用，就变成了棕褐色与白色相结合的灰色。不仅如此，铅颜料变色还与湿度有关。

敦煌石窟中丰富多彩的颜料来源于三条途径：一是敦煌一带的矿物加工研磨制成；二是从中原运来的成品或半成品；三是从西域运来的成品或半成品。

敦煌本地所产的颜料有丹砂、朱砂、雄黄、雌黄、绛矾、胭脂、青金石、云母、石青（蓝铜矿）、石绿（孔雀石）等。敦煌文献S.3553写卷《咨启和尚》是一个牧羊人写给莫高窟某寺和尚的信，信中说托人带来丹、马牙朱、金青三种颜料，并请和尚为他找一个高手画工，另外如还需要什么颜料及数量多少，请随时告知。这封信反映了敦煌放牧人在当地山里就可以觅到绘制壁画所需要的颜料。信中所提到的"丹"即铅丹，"马牙朱"即丹砂，"金青"即青金石。

根据敦煌文献P.3720《张淮深造窟功德碑》中"龛内丹腰，尽用真沙，路驿长安"的记载，敦煌石窟所用的上品朱砂可能来自中原。

敦煌壁画中从北朝到元代都广泛应用的青金石虽然在S.3553写卷《咨启和尚》中提到，放牧人在敦煌附近有找到，但截至目前，在敦煌一带还没有发现有青金石的矿产资源。因此，敦煌古代青金石的来源仍是个难解之谜。

莫高窟开凿大法

莫高窟的洞窟有的很小，仅能容纳一个人，有的很大，容量相当于一个小礼堂，高度能达二三十米；大多数洞窟则相当于我们现在居住的大客厅或起居室的大小。这里的岩层土质看上去是一些泥沙夹小颗粒石头，似乎松散得一捏就碎，感觉很容易挖掘。然而，如果试着用钢钎、铁镐等工具戳挖岩土就会发现，其土质很硬，像现代用水泥和石子、沙浇灌的质量稍次的混凝土。如此岩土，古代人是怎样

北区残窟

开凿洞窟的?

炸药是肯定没有的,就算后来火药发明了,普通老百姓也是不能用的。也不能像开采石料那样整条整块地采取,只能一锤一錾地凿,一点一点地挖。那么,古代人究竟是使用什么方法和工具开凿洞窟的呢?开凿一个洞窟又需要多少时间呢?

根据石质情况和窟形来推测,估计古人是采用下挖法施工的。首先,这样做比较安全;其次,用力方向朝下省力方便;最后,从上往下挖时可用水浸泡以使石质松散,易于挖凿。因此,打窟匠人很可能是开完甬道即斜上凿导洞至顶,扩大窟顶后再逐渐下挖成型。

关于开窟所用工具,据有关碑记的描述,主要有绳、钩、锤、錾等,均是很原始的工具,全是靠人工一点一点地凿挖而成,由此可见当年开凿造像之艰难。

各窟开凿所用时间,因用工多寡和洞窟大小而不同。莫高窟第130窟,动工于唐开元九年(721年),而开元十三年(725年)的发愿文幡已经被裹在窟内崖体与泥皮地仗的夹缝中,证明当时已开凿完毕。也就是说,第130窟这座大像窟,大约用了四年时间才凿成。

莫高窟第156窟营造于9世纪中期,据敦煌文献P.2762《张淮深造窟功德碑》载:"三载功充。"这里包括了从开凿到绘塑等全部工程完工的时间,不过绘塑与修建窟檐的时间应该是几个月以内的事,可以推测它的开凿所花时间应在两年半左右。

另外值得注意的是,各洞窟的内部空间均有一定的比例关系。敦煌北魏时期的中心塔柱窟,墙面的高宽之比正合于"黄金分割"的法则,特别是北魏第257窟与其他北魏窟相比,其墙面高度正好多出该窟中《沙弥守戒自杀因缘》《鹿王本生》《须摩提女因缘》环形条状壁画的高度。证明开凿此窟前预先考虑要增绘这一环形条状壁画。因此有理由说,这些洞窟在开凿之前还需要有精心设计的施工方案。

北魏第 257 窟窟室内景

敦煌彩塑的制作工艺

敦煌石窟的造像，因窟址大多位于不宜雕刻的砾岩崖壁上，故多为泥塑像或石胎泥塑像。

从一些已经残破的彩塑上，可以看到敦煌石窟的泥塑骨架制作非常巧妙。小型的彩塑先用木头削成人物的大体结构，然后表面塑以细质薄泥，刻画细部，最后上色而成。中型彩塑的骨架一般是根据塑像姿势动态选用适当弯曲的圆木，或根据情况砍削，如将脖子位置砍细，另外有的以木板制作手掌，以方形铁条做手指，也有

盛唐第 194 窟西壁龛内南侧 天王残手露出的骨架

以圆木削制成有榫的手臂形象的构件，很似木胎包纱的制作方法，十分精细；高过二三十米的大型塑像，则不用木质骨架，而是在开窟时预留塑像石胎，然后在石胎上凿孔插桩，再于表层敷泥塑成。

敦煌的大多数彩塑是中型塑像，上泥前需用芨芨草或芦苇捆扎成人物大体结构，既省泥又可减轻圆木立柱的负重。用泥大多只有两种，即粗泥和细泥。粗泥用澄泥加麦秸，塑作人物大样。细泥用澄板泥七成，细沙三成，加水和成稠泥，加麻或棉花，塑人物表层和五官、衣褶、配饰等。

泥塑的敷彩都是重彩平涂或加叠晕。至于许多泥塑失去原先的敷彩，其原因是多方面的，如地处山林、雨多气候潮湿以及火灾等，绝非这里的古代匠师不重视上彩。当然，失去敷彩的雕塑可使观者着重于欣赏其形体，突出雕塑在造型方面的特点和技艺。直至今日，我国民间彩塑艺人还十分注意塑与彩的紧密配合，尤其强调上彩的重要性，"三分塑七分彩"之说似乎有些过分，其实这正是我国传统泥塑注重装饰美的一个重要方面。

敦煌的石窟雕塑都是彩塑，不管是泥塑还是石雕，只有敷彩后才算完成了的作品。甘肃各地石窟造像在敷彩上，所用颜料大体上差不多，北朝敷彩比较简朴沉着，主要用土红、石绿、石青、白、黑等颜色。佛像多以土红大面积平涂通肩衲衣，菩萨的裳、裙、飘带多用石青、石绿等色，调出深浅，叠染而成。面部及手脚用白色或肉色。发髻、眉毛、眼睛、胡

西魏第 248 窟中心柱东向龛 菩萨

259

须、眼睑和人中则描以石青、石绿、黑、土红等色。隋代彩塑出现许多织绵图案和五光十色的璎珞装饰。唐代彩塑的敷彩更加富丽，许多地方装金，至今还闪烁着光彩。五代、宋等晚期彩塑，在敷彩上演变成比较清雅的色调。另外，许多石窟造像为了使塑像更加鲜明生动，会根据人体肌肉的起伏变化上色，凹处用重色，凸处用浅色，强化了塑像的立体感。在塑造过程中，还有意不把胡须、铠甲、飘带等细节塑刻出来，而是留到敷彩时去完成，有些菩萨像身上的飘带在连接到壁画之后就不用泥塑了，而是画在壁面上，将塑像与壁画完全融合成一个整体。

敦煌壁画绘制大法

敦煌石窟开凿在酒泉系砾岩上。石窟地质结构粗糙又易风化疏松，岩壁极不平整，无法直接绘制壁画。因此首先要制作壁面，一般是用掺入麦秸的粗泥抹到凿好的石壁上，锤紧压平，然后再抹一层细沙泥，形成光滑的壁面。然后是在壁面上勾画轮廓，也可谓作壁画起稿上墙。即用长线以土红粉末纵横弹出各大部分的大体轮廓，将墙面分割成若干小平面，接着在各小平面内确定形象的具体比例关系，在规定的范围内用土红描成人形或其他形象。

除了使用弹线定位方法外，敦煌更多的是使用粉本。粉本是专供复制用的画稿，敦煌粉本是多层厚纸制成的，十分耐用。在多数情况下，画师于纸上画墨线，并沿墨线打小洞，或覆盖于另一纸上打孔。复制稿没有原稿那样的墨线。在实际应用中，粉本置于所要绘制的表面上，红色墨粉通过粉本的小孔，在下面就出现了一系列红色斑点连成的轮廓。

勾画好轮廓后，便是涂刷底色。底色又叫地色，即要用有一定覆盖力的颜色刷底，使全窟壁面有一个统一的基调，而形象的轮廓仅隐约可见。也有以粉底为底色，即先在草泥地仗层上涂白粉，然后在粉壁上起稿敷彩；还有在草泥地仗层上起稿并敷彩完毕后，对泥壁的其余部分遍涂红色掩盖之。壁面上大片的红色或白色，各自衬托出不同的壁画效果；其他类似的衬托色，也叫底色或地色。红、白两种底色，各时代都有，北朝时期涂红底色的壁画更普遍，隋唐时期则以粉底色更流行，宋、西夏、元代壁画中还出现了青、绿底色。敷彩上色，即根据壁画内容和当时人们审美观念的需要，细致地将各种颜色描绘到相应的壁面位置上。上色时需要特别

261

石窟艺术的创造者（潘絜兹 绘）

注意处理好色与色之间的交接关系，使晕染时的重色与浅色形成自然的过渡。古代佛教寺院和石窟中的壁画，一般都是由师徒相承集体合作完成，绘制之初由师傅起样定稿，决定色彩分布，师傅将应涂之色用符号写在画上，助手按符号布色。根据壁画色彩与符号印证，敦煌壁画中已发现的布色符号有"夕"（绿）、"工"（红）、"×"（青）三种，各取字形中的局部为代号。

在大多数情况下，壁画人物在敷彩以后轮廓模糊不清，尚需用墨线或赭色线精心勾勒人物五官、手足、衣饰等细部，使形象更加清晰完整。这最后一次描轮廓的线称为定型线，这个过程叫作勾定型线。敦煌莫高窟北魏第263窟、西魏第285窟等的壁画中都可见清晰的定型线。唐代壁画色彩富丽，同样需描线定型，如莫高窟第329窟东壁说法图下的女供养人像，供养人身穿质薄的罗衣，犹能清晰辨认起稿线与定型线的区别。

最后的一道工序是提神点睛。勾定型线之后，画面形象已完整清晰，但有时画师为了使形象更加生动传神，往往于人物的眼、鼻等处勾描"高光"，以收到形象鲜明、生动传神的艺术效果。

灿烂辉煌的敦煌壁画就是这样在许多工匠的相互合作中，通过一道一道的工序逐步创作出来的。

谁营建了莫高窟

参与敦煌石窟营造活动的工匠，主要有以下几类：

第一类是打窟人，即在莫高窟崖壁上凿岩镌窟的工匠。从事这项工作的人主要是石匠，但和专业的石匠有所区别。一般石匠主要从事大型石料的开采和石质器具的加工制作，而因为莫高窟崖面为第四纪酒泉系砾岩沉积，十分坚硬，开凿洞窟只能一锤一錾地凿，一点一点地挖，因此莫高窟的石匠工作非常艰辛。

第二类是泥匠，即从事壁画地仗制作及窟前木构窟檐的工匠。具体工作是窟内四壁在崖体上抹麦草泥皮，再在泥皮上抹一层白灰或刷一层白粉。另外，泥匠也承担窟前墙壁的垒筑等工作。

第三类是灰匠，即专门调配白灰的工匠。白灰在古代敦煌的土木建筑中大量使用，是白灰与麻丝的混合物，主要用于壁画表面和一些建筑物的表面。

第四类是木匠，级别较高的木匠负责窟檐的总体设计、用料计算、施工的组织和指挥工作，一般木匠承担木构零部件加工及营造施工等工作。

第五类是塑匠，从事窟内塑像的制作。主要负责塑像的支架捆扎和敷泥等工作。

第六类是画匠，负责整个洞窟壁画的制作，另外还承担泥塑、窟檐的彩绘等工作。

根据敦煌文献记载，9到10世纪时，敦煌各个行业的工匠们，分别有不同的技术级别。其中最高的级别是都料，是同行业中的组织者和工程的规划、指挥者。塑匠和木匠中有都料，但石匠和泥匠中没有都料，他们在建筑施工中须服从木匠都料的指挥。较都料次一级的叫博士，博士具备过硬的专业技术，可以从事高难度技术工作并能独立完成所承担的工程任务，这一级别的工匠在各行各业中都有。都料和博士级的画匠、塑匠，一般都可以称"师"或"先生"。

在工匠阶层中被称作"匠"者，为独立从事一般技术性工作的劳动者，是工匠队伍中的主体力量。工匠以下，还有大量随从或协助工匠的杂工，敦煌文献中称其为"人夫"。

从身份上看，敦煌古代工匠大体分为三类。第一类是属于官府的工匠。第二类是属于寺院的工匠。这两类人的工匠身份是世袭的，属于奴隶或农奴性质的被役使者，人身自由受到限制。第三类是手工业劳动者，他们有一定的土地、财产和庄园，也不受官府和寺院的管辖，属于自由民。

在古代敦煌的工匠队伍中，还有两类特殊身份的工匠。一是僧侣。寺院有一部分也从事工匠的工作。在敦煌，僧侣参加劳动是比较普遍的事，一般以农业为主；但很多情况下也从事手工业，参与开窟造像，因此敦煌僧侣中出现了一批有一定技能的画匠、塑匠等。二是官家、贵族子弟或已在军政部门为官者。这一群体也有一部分人从事工匠劳作，如当时担任归义军"左神武统军长使兼御史中丞"的张延锷，便亲自"敬心写

P.2641《归义军宴设司账目》（局部）

265

北区 B119 窟东南角的灶台

画"图文并茂的佛经。公元948—949年，在外地为官的节度小吏安某及家人重修莫高窟第129窟时，长子安存立、女婿张弘恩二人都是画匠，但二人都在归义军内担任一定职务。这些人亲自营造洞窟，说明写经、绘画、造窟等在当时是一种信仰支配下的社会性活动。

窟主、施主们选募工匠为其营造佛窟，是要付给一定的工价的，但从工匠方面讲，他们往往把造窟活动视为一种功德，因而少取工价，或者义务劳作。出于信仰，有的工匠不仅不要工钱，还慷慨捐钱。如第365窟窟门内侧有条题记云："光绪二年四月初三日起工安门……木工：周贵施钱壹两八钱，姚克昌施钱陆钱，唐贵施钱陆钱。"

　　工匠们的生活非常简朴。他们平常为官府或寺院所役使时，一般是由官府或寺院按定量供给食物，如敦煌文献CH.00207《乾德重修北大像记》云："木匠五十六人，泥匠十人。其工匠官家供备食饭；师僧三日供食，已后当寺供给。"P.2641《归义军宴设司账目》中也记载道："泥匠贰人，早上馎饦，午时各胡并（饼）两枚；供柒日，食断。"馎饦，类似现代揪面片之类的面食，胡饼就是普通的烧饼。也就是说，每天工匠们的饮食主要是汤面片和烧饼，而且数量有限。

　　在近年发掘的莫高窟北区一些洞窟里，发现窟内有灶、有烟道、有炕，这些洞窟可能是古代画工、塑匠曾经居住的地方，又或许洞窟只是僧人居住的僧房窟。

第十章

敦煌文物流散之殤

王圆禄与藏经洞的发现

藏经洞是敦煌莫高窟第17窟的俗称，是附属于第16窟的小窟，位于第16窟甬道北侧壁内。该窟因曾发现数以万计的古代文书和画卷等文物而得名。藏经洞出土文物与甲骨文、汉简、明清档案，被誉为近代古文献的四大发现。这些出土文物已成为敦煌学的主要研究对象。

王道士（1849—1931年），湖北麻城人。本名圆篆，一作元录，又作圆禄。家贫，为衣食计，逃生四方。清光绪初入肃州巡防营为兵勇，信奉道教。后离开军队，出家受戒成为道士，道号法真，曾远游新疆。清光绪二十三年（1897年）至敦煌莫高窟。在洞窟南区北段，清理沙石，供奉香火，收受布施，兼四处布道募化，小有积蓄，乃于莫高窟第16窟东侧建道观"三清宫"，又名"太清宫"，俗称"下寺"。

关于王道士发现藏经洞的经过有几种说法：

其一，据第16窟甬道南壁清光绪三十二年（1906年）所立《重修千佛洞三层楼功德碑记》记载，"鄂省羽流圆禄，又能宏乐善之心，不辞劳瘁，不避星霜，旋睹迤北佛洞寂寥，多为流沙所掩没，因设愿披沙开洞。庚子孟夏，新开洞壁偏北，复掘得复洞，内藏释典充宇，铜佛盈座"。王道士参与三层楼修建之事，可能源于王道士之口。

其二，据王道士的徒子赵玉明、徒孙方至福在王道士去世后百日（1931年）所立《太清宫大方丈道会司王师真墓志》记载，"夫吾师姓王氏，名圆篆……又复苦口劝募，急力经营，以流水疏通三层洞沙。沙出，壁裂一孔，仿佛有光；破壁，则有小洞豁然开朗，内藏唐经万卷、古物多名……此光绪廿五年五月廿五日事也"。立碑时已距藏经洞发现之时30余年，似有所据，但未必准确。又，"廿五年""廿五日"可能是误记或是为了凑"五"之吉数，应是"廿六年五月廿六日"。

其三，据现存于敦煌研究院的王道士《催募经款草丹》，其中记载道："本朝光绪皇帝年内……贫道誓愿募化补修为念。至贰拾陆年五月贰拾陆日清晨，忽有天炮响震，忽然山烈（裂）一缝，贫道同工人用锄挖之，欣出闪佛洞壹所……内藏古经数万卷。"所说"天炮响震"或有故弄玄虚之嫌，如果说藏经洞是在清理第16窟甬道积沙过程中偶然发现的，当是切近事实的推测。该《催募经款草丹》中对藏经洞的发现时间，明确记载为清光绪二十六年五月二十六日，即1900年6月22日。

王圆禄

其四，据叶昌炽《缘督庐日记》光绪二十九年十一月十二日（1903年12月30日）记载道："汪栗庵大令自敦煌寄至唐元拓片……又旧佛像一幅，所绘系水陆道场图……又写经四卷，皆《大般涅槃经》……闻此经出千佛洞石窟中，至门熔铁灌之，终古不开，前数年始发而入，中有石几石榻，榻上供藏经数百卷，即是物也。当时僧俗皆不知贵重，各人分取。"汪栗庵即汪宗翰，当时的敦煌县令。汪宗翰除了送上一些敦煌文物，还通报了藏经洞发现的情况，但很不准确。《缘督庐日记》光绪三十年九月五日及七日（1904年10月13日及15日）又分别记载道："敦煌王广文宗海，以同谱之谊馈塞外土宜，拒未收。收唐写经两卷，画像一幅，皆莫高窟中物也……夜，敦煌王广文来，云莫高窟开于光绪二十六年，仅一丸泥，莠然扃自启。"王广文除了送来又一些藏经洞文物，还介绍了藏经洞发现时较为真实的情况。

其五，说王道士雇敦煌贫士杨某抄写经文，有一天，杨某吸旱烟消闲，吸后将烟杆向窟壁磕烟锅头，觉有空洞回音，便告诉王道士。当夜他们两人就持灯破壁，果然看见复室，积满写卷、印本、画幡、铜佛等。也有人说，杨某的好奇心不是由磕烟灰引起的，他是在洞窟的甬道间放了一张桌子，背壁而坐，抄写经文，抄经之暇，常以芨芨草燃火点旱烟吸，燃余之草则插在身后墙壁的裂缝中。有一次，杨某点烟后的余草较长，插入裂缝中竟然深入不止，以手试击，其声中空，于是告知王道士，两人半夜破壁探看，发现复室。

一般而论，王道士雇人清沙时发现藏经洞的说法较为可信，因为在莫高窟第16窟甬道北壁可以明显看到一道道沙线掩埋到甬道顶，由此可知积沙曾对甬道两侧之壁形成巨大压力，自然会对北壁的藏经洞由于内空而产生破裂，一旦把积沙清理掉，必然会发现裂缝，甚至出现墙壁塌陷的情况。

王道士发现藏经洞既有其必然性，也有其偶然性。说必然性，是因为他雇用人员清理洞窟中堆积多年的积沙，踏踏实实做了大量的具体工作，只有清除积沙，藏经洞的洞门才能显露出来。说偶然性，是因为王道士当初清除洞窟积沙，不是为了要发现什么，而是为了清扫洞窟，发现藏经洞纯属偶然。

斯坦因，敦煌盗宝第一人

斯坦因（MarcAurelStein，1862-1943年），英国人，原籍匈牙利；早年在维也纳、莱比锡等大学学习，后游学牛津大学和伦敦大学。曾任拉合尔东方学院校长、加尔各答大学校长等职。斯坦因出身于匈牙利一个犹太人家庭，终身未婚，把全部精力投入到考古探险事业中。

斯坦因在英国和印度政府的支持下，先后进行了4次中亚探险：

第一次探险（1900—1901年），主要对塔里木盆地南缘地区进行考察，访问并

斯坦因

确定了于阗古都约特干，发掘了丹丹乌里克、尼雅等古代遗址，获得大量文献文物。在此期间，他得到和田直隶州的知州潘震的鼎力相助。最为重要的是，他后来到敦煌也是经潘大人特别介绍而来的。

第二次探险（1906—1908年），除重访和田和尼雅等遗址外，还发掘了古楼兰遗址，并深入河西走廊。1907年3月12日至6月13日，斯坦因在敦煌期间，在中国师爷蒋孝琬的帮助下，利用王道士的无知和对宗教信仰的感情，骗取藏经洞出土的敦煌写本24箱，以及绢画和丝织品等5箱。另外，斯坦因在敦煌附近的长城沿线还掘得大量汉简。

第三次探险（1913—1915年），斯坦因又重访和田、尼雅、楼兰等遗址，并再次到敦煌，又从王道士手中获得570余件敦煌写本，还发掘了黑城子和吐鲁番等地遗址。

1930年，斯坦因拟进行第四次中亚探险，被南京政府拒绝。其间获得少量文物，但下落不明。

斯坦因三次中亚探险所获敦煌等地出土文物和文献，主要入藏伦敦的英国博物馆、英国图书馆和印度事务部图书馆，以及印度德里中亚古物博物馆（今在新德里的印度国立博物馆）。

斯坦因在《斯坦因西域考古记》和《沙埋契丹废墟记》中记录了他从王道士手中骗取藏经洞文物的过程："我用我那很有限的中国话向道士述说我自己之崇奉玄奘，以及我如何循着他的足迹，从印度横越峻岭荒漠，以至于此的经过，他显然是为我所感动了。"

一提到玄奘，王道士便来了精神，高兴地带斯坦因他们去观看他雇人画在壁上的《西游记》唐僧取经图。而斯坦因假意对王道士的业绩大加称赞，使得这位文化水平不高但熟知《西游记》唐僧取经故事的道士觉得斯坦因与他真是志趣相同，情投意合，所以原有的一点点顾忌便彻底烟消云散了。

王道士先取出一些样品给斯坦因、蒋孝琬看，恰巧经卷上写着译经人玄奘的名

王道士和《西游记》壁画

字。蒋孝琬趁机说这是唐僧显灵，亲自选定这一时刻，把这些神圣的佛经展示在斯坦因面前，是希望这位来自遥远印度的虔诚信徒和弟子能把它们带回印度老家去。斯坦因也特别对王道士说，玄奘是不会同意把这些佛经永远塞在这个黑洞中继续受冷落的。

王道士对斯坦因的话则深信不疑，于是斯坦因暗示，愿意捐一笔钱来赞助王道士恢复莫高窟昔日的繁荣。蒋孝琬这时建议斯坦因离开，由他来与王道士交涉如何平静地取得这批文献文物。

最后，王道士同意了。

伯希和，劫宝的汉学家

　　伯希和（Paul Pelliot，1878—1945年），法国人，出身于巴黎一个商人家庭，早年在法国政治科学学院、东方语言学院等处学习，精通汉文，专研汉学。1899年前往越南河内，学习并供职于印度支那考古学调查会，即法兰西远东学院。

　　伯希和曾在1900—1902年为法兰西远东学院搜罗图书资料，三次来到中国北京等地，在八国联军侵入北京时利用各种手段获得大量珍贵文物。1906年，伯希和率中亚考古探险队，借道俄国、中亚进入我国新疆地区进行考古发掘活动。1907年10月在乌鲁木齐时，伯希和从曾任伊犁将军的甘新总督长庚那里得到敦煌藏经洞出土的古代写本一卷，又从一位因义和团之事而被流放至此的"澜公爵"载澜处获赠敦

伯希和

煌藏经洞写卷《妙法莲花经》一卷，并从二人处获知敦煌藏经洞被发现的秘密。伯希和还得知斯坦因已去过敦煌，可能藏经洞中的文献文物已经被斯坦因拿光了，但他仍在1908年2月25日率探险队到达敦煌城，稍作停顿后便迫不及待地到达莫高窟。

伯希和一行来到莫高窟，这时藏经洞的门"被铁锁紧闭"，王道士不在莫高窟。伯希和利用这段时间对莫高窟进行了全面考察。他们对所有洞窟进行编号、测量、拍照和抄录各种文字题记，将大部分洞窟进行了详细的记录，拍摄了大量的照片，这是一次全面而详细的对莫高窟的考察活动。

当王道士回到莫高窟后，伯希和便与王道士进行交涉，他流利的汉语很快就博得了王道士的好感。王道士从谈话中了解到伯希和并不知道斯坦因带走经卷一事，因此对这些洋人的坚守诺言感到满意。伯希和同样使用了金钱诱惑的办法，经过20多天的交涉，在3月3日，被带进藏经洞。王道士允许他在洞中挑选自己满意的经卷。面对着这数万件珍贵文献，伯希和"惊呆了"，他在《敦煌藏经洞访书记》中写道："3月3日，钥匙终于到了，这是天主教封斋前的星期二（狂欢节的最后一天），我得以进入了'至圣所'，我简直被惊呆了。自从人们从这一藏经洞淘金的8年来，我曾认为该洞中的藏经已大大减少。当我置身于一个在各个方向都只有约2.5米、三侧均布满一人多高、两层和有时是三层厚的卷子的龛中时，您可以想象我的惊讶。"

在以后的3个星期中，伯希和在藏经洞中，借助昏暗的烛光，以每天1000卷的速度，将所有经卷翻检了一遍，并"将它们分成两份，其一是精华和高级部分，也就是要不惜一切代价让他们出让的部分；另一部分是尽量争取获得、同时在无奈时也只得放弃的部分"，"我仍不认为忽略掉了任何最重要的东西，不仅仅对于一份卷子如此，而且对于一页破纸也如此"。

在挑选中，他还经常偷拿其中的精品。据当时和他在一起的同事瓦兰博士回忆："他的外套里塞满了他最喜欢的手稿……容光焕发，喜气洋洋。有一天晚上，他拿给我们看的是一份圣约翰斯托里福音；另一次，他拿来一份有800年历史的描

伯希和在藏经洞翻检文物

　　写一个奇异小湖的文稿。该湖位于敦煌之南的很高的沙丘上。再一次是一份有关这个寺院的账目。"

　　挑选工作结束后，伯希和遇到的最大难题，就是如何征得王道士的同意，把挑选出来的手稿卖给他。王道士不敢答应这样的要求，为此伯希和与王道士在极其秘密的情况下进行了多次会谈。据瓦兰回忆："会谈的结果是，我们自己也必须在极端保守秘密的情况下才能提到有关发现书库的事，即使在我们的信件里也必须如此。"

最后，在答应保守秘密后，伯希和以500两白银（约90镑）换得了藏经洞6000余件写本，它们的数量虽然没有斯坦因获取的多，却是藏经洞写本中的精华。伯希和把这批密藏的东西经过小心谨慎的包装之后，就安排人用船舶运往法国。瓦兰回忆说："只是当努埃特带着满装我们的选品的箱子上了轮船之后，伯希和才公开地谈到这些东西，并携带一箱手稿前往北京。"不过，伯希和这次来京，主要是采购图书。他考虑到所获取的文物还在运输途中，因此对在莫高窟得到写本的事守口如瓶。

同年12月，伯希和回到河内的远东学院。1909年5月，伯希和又来到北京，出示给中国学者一些敦煌卷子，并说出了它们的由来，当时在北京的许多著名学者如罗振玉、蒋伯斧、王仁俊、董康等都目睹了敦煌宝藏，大为震惊。

华尔纳，臭名昭著的敦煌文物盗窃犯

华尔纳

华尔纳（LangdonWarner，1881—1955年），美国人。1903年毕业于哈佛大学，1906年留学日本，专攻佛教美术。1910年又在朝鲜和日本调查佛教美术。华尔纳曾前往伦敦、巴黎、柏林、圣彼得堡等地参观过斯坦因、伯希和、勒柯克、科兹洛夫等人盗取的中国西北的文物，并与一些当时因西域美术而著名的中国美术专家和汉学家有过接触与交往，也读过他们的书，对中国西北产生了浓厚的兴趣。

1923年，美国哈佛大学福格博物馆物色人选，组织中国考察队，准备前往中国西北从事古物搜集，华尔纳成为最佳人选。

1923年7月，华尔纳一行到达北京，在燕京大学找了一个叫王近仁的学生充当翻译兼事务员，并得到直系军阀吴佩孚的支持，为他们在中国行动提供了极大的方便。

考察团首先由北京经洛阳到西安，然后才正式开始考察。第一个目的地是黑城遗址，即额济

华尔纳盗掠的第 328 窟供养菩萨像

纳，途经泾川、兰州、武威、张掖、酒泉等地，于 11 月到达黑城遗址。由于早在此前俄国人科兹洛夫已来过此地，并有大量发掘，因此华尔纳的收获不大，于是前往敦煌。

　　1924 年 1 月 21 日，华尔纳一行人到达敦煌莫高窟。此时藏经洞中的宝藏早已被瓜分一空。但在经过参观考察之后，面对敦煌艺术，华尔纳惊呆了。他在《在中国漫长的古道上》中写道："我除了惊讶得目瞪口呆外，再无别的可说……现在我才第一次明白了，为什么我要远涉重洋，跨过两个大洲，在这些烦恼的日子里，蹒跚地走在我的马车旁边""我到这里来原是为了核对古物年代，是为了能轻易地驳倒那些学者教授们，并且也是为了发现艺术影响的。现在我站在一所佛堂中央，双手插在衣袋里，陷入了沉思之中"。

　　在经过一番沉思后，华尔纳决定以壁画剥离和彩塑搬迁的方式，进行文物盗窃。当晚他在给妻子的信中写道："我的任务是，不惜粉身碎骨来拯救和保存这些即将毁灭的任何一件东西。若干世纪以来，它们在那里一直是安然无恙的，但在当前看来，它们的末日即将到来""就是剥光这里的一切，我也毫不动摇"。

为了顺利进行工作，华尔纳给了当时看守莫高窟的王道士一些礼物之后，王道士同意他揭取壁画。后来华尔纳又以70两银子的价钱从王道士处得到了第328窟盛唐的精美彩塑供养菩萨像一尊。当时他用特制的一种胶布，用涂有黏着剂的胶布片敷于壁画表层，剥离莫高窟第335、321、329、323、320等窟的精品壁画12块（或曰26块）。他在揭取壁画时采取的这种方式极其简单、原始、拙劣，导致壁画受到摧残。当时由于气温寒冷，不利于胶水的使用，加上也缺乏助手，他便在剥取了壁画之后，于1924年4月返回兰州，经北京回国。

1925年2月，华尔纳又组织了一个7人的考察团，并邀请北京大学陈万里先生同行做释读汉文碑铭的工作。

考察团于1925年2月16日离开北京，5月19日到达敦煌，但他们与敦煌官府的接洽并不顺利，因为华尔纳第一次的破坏行为已使当地老百姓十分气愤，向王道士责问此事，并使得王道士不得不靠装疯卖傻过日子。因此考察千佛洞的要求被拒绝。经过一番商讨，最后考察团被要求遵守一系列规定：

1. 考察团成员不准住宿千佛洞；

2. 考察团成员参观千佛洞要由当地派人监视，并必须当日返回县城；

3. 不准破坏壁画及其他一切文物。

不仅如此，当地老百姓组织了一队人专门监视考察团的行动。在如此严密的监视下，考察团一行不得不草草结束考察活动，于5月23日离开敦煌，之后转到安西榆林窟考察。当时由于全国各地爆发了反帝爱国的"五卅"运动，北京大学决定不再与哈佛大学合作，并电令陈万里与考察团决裂，提前返校，于是陈万里在瓜州与考察团分手。美国一方也考虑到中国国内的形势，电报要求华尔纳一行结束活动回国，于是华尔纳不得不解散考察团，中止考察活动，于同年8月返回哈佛大学。

官家盗窃团伙

有这么几个人，不论是在什么地区、什么国度，也不论是在战争年代，还是在和平时期，他们的行径都会被人们一致肯定为盗窃性质。他们利欲熏心，不仅是真正的盗窃敦煌藏经洞文物者，还是真正的将敦煌文物贩卖给外国人的卖国贼。他们就是高学历、高文化、高官位并且拥有押送、保管敦煌藏经洞文物大权的何彦昇、何震彝、李盛铎、刘廷琛、方尔谦等人。

何彦昇（1860—1910年），何震彝之父，李盛铎之亲家，字秋辇，江苏江阴人。清光绪十五年己丑（1889年）副贡生。潜心好学，亦能文章，兼通列国语言文字，作为参赞出使俄国。回国后历任直隶按察使、甘肃布政使、新疆巡抚等职（又曰甘肃藩司、代理巡抚）。负责敦煌藏经洞文物的押运。

何震彝（1880—1916年），何彦昇之子，李盛铎之女婿。字鬯威，号穆忞，出生于江苏江都（今扬州）。12岁能诗，博闻强识，可操英语、日语等外语，出口成章。少年得志，清光绪十五年己丑（1889年）副贡生，光绪三十年（1904年）进士，时年25岁。何震彝还是法学专家。他曾在1913年撰写《何震彝宪法草案》，该草案刊登于《法政杂志》第3卷第1号。

李盛铎（1858—1937年），何震彝之岳丈，何彦昇之亲家，字椒微，号木斋，江西德化（今九江）人。清光绪十五年（1889年）中殿试一甲第二名（榜眼），赐进士及第。历任翰林院编修、国史馆协修、江南道监察御史、京师大学堂总办、内阁侍读学士、顺天府府丞、太常寺卿；出使日本大臣、出使比利时大臣、出使各国政治考察大臣、山西提法使、山西布政使、陕西巡抚；入民国后，又曾任大总统顾问、参政院参政、国政商榷会会长等职。其间于光绪三十一年至三十二年（1905—1906年）任驻比利时大臣时，获英国剑桥、牛津两大学名誉博士学位。也是我国著名收藏家、校勘家、版本家、目录学家。

刘廷琛（1868—1932年），李盛铎之同乡。字幼云，号潜楼，江西德化（今九江）人。清光绪二十年（1894年）进士，入选翰林院。历任国史馆协办、陕西提学使、学部参议、京师大学堂总监督、学部副大臣等职。

方尔谦（1871—1930年），李盛铎之友。字地山，江苏江都（今扬州）人。好收藏文物，善书法与楹联，曾任袁世凯家庭教师。宣统元年八月（1909年9月），罗振玉前往北京苏州胡同拜访伯希和，伯希和出示了一份自编的敦煌莫高窟藏经洞出土文献目录，并展示随身所带的《老子化胡经》《尚书》残卷等十多种敦煌卷子。罗振玉从伯希和处得知敦煌莫高窟藏经洞还有8000多卷写本遗存，于是迅速报告学部左臣乔树楠，并代拟电报稿，命令甘肃都督毛实君让敦煌县令立即查点、封存藏经洞文献，不许卖给外人，并让甘肃布政使（或曰"新疆巡抚"）何彦昇作为押运官将所有

清学部宣统元年八月廿二日致陕甘总督电文

李盛铎1935年卖给日本人的敦煌写卷部分目录
引自《敦煌遗书总目索引》

剩余文书全部解送到北京保存。

押运官何彦昇在押解过程中，每到一处就让当地官员抽取挑选所押解的卷子，沿途所失至今无法知道有多少数量、有哪些内容；不仅如此，当第二年运载写本经卷的大车进入北京之后，何彦昇没有马上将押解的东西上交学部，而是拉到自己家的院子里交给儿子何震彝。当时报到官府的敦煌卷子清单上只有卷数而没有卷名、行款等，所以何彦昇、何震彝伙同李盛铎、刘廷琛、方尔谦等亲友，把其中许多精品窃为己有，为充数则将长卷撕为几段乃至十几段。在中饱私囊之后，何彦昇才不紧不慢地将"劫余"送交学部，入藏京师图书馆，共9000余卷。另外，有学者研究认为，"李氏等人实际上是在经卷入藏学部后才攫取到手的。李盛铎当时……在学部任职；刘廷琛也是学部大臣，故此近水楼台，监守自盗"。

罗振玉《姚秦写本僧肇维摩诘经解残卷校记序》中亦记此事曰："江西李君与某同乡，乃先截留于其寓斋，以三日夕之力，邀其友刘君、婿何君及扬州方君，择其尤者二三百卷，而以其余归部。李君者富藏书，故选择尤精，半以贻其婿，秘不示人；方君则选唐经生书迹之精者，时时截取数十行鬻市。"

官僚世宦盗窃敦煌写卷之事，当时社会上就有传闻，并有官员揭发上告。学部侍郎满人宝熙便上章参奏，但因辛亥革命爆发而不了了之。但这毕竟是一桩大案，学部为掩人耳目，只把押运差官傅委员（傅宝书）扣留，但随后经人说情而将其释放。吴昌绶《松邻书札》中致张祖廉一札云："顷罃威（何震彝）同年来，谓访公未值，有言托为代致，甘省解经之傅委员，淹留已久，其事既无佐证，又系风流罪过，今穷不得归，日乞罃威为道地。弟闻前事已了，堂宪本不深求，可否仰仗鼎言，转恳主掌诸君，给札放行，其札即由公交罃威亦可，渠既相嘱，特为奉致，望径复之。"于是这桩盗窃敦煌文物的大案，最后以"事出有因，查无实据"结案。

被窃写卷当时就流到了市场上，据罗振玉《鸣沙石室佚书序》记载："遗书窃取，颇留都市，然或行剪字析，以易升斗；其佳者或挟持以要高价，藏匿不以示人。"

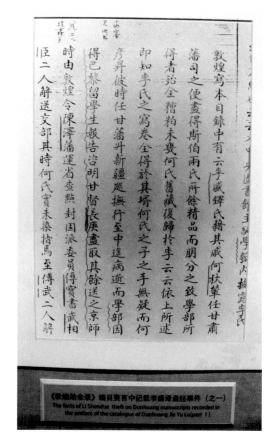

《敦煌劫余录》编目赘言中记载李盛铎盗经事件（之一）

　　后来何家藏品大多卖给日本京都藤井氏有邻馆；李家藏品一小部分归南京国立
中央图书馆（今在我国台湾），另外大部分卖到了日本，其中1935年一次就卖给日
本人400多卷，获8万日元，这批写卷至今下落不明。

听之任之的腐败官场

面对敦煌藏经洞文物的发现，各级地方官员一方面是漠不关心的态度，另一方面却是比比皆是的行贿受贿行为，显示了当时中国官场的长期腐败。

严泽，1900年王道士发现藏经洞宝藏时的敦煌县令。据说，在藏经洞发现不久，王道士很快就将消息报告给了这位严大老爷，并挑选了一些书法精良的敦煌卷子送上。然而，县令严泽除了留下两个卷子以外，未对如何保管或处理藏经洞文物作任何指示。

据谢稚柳《敦煌石室记》记载，王道士不久又雇了毛驴，"私载经卷一箱至酒泉，献于安肃道道台满人廷栋。廷栋不省，认为此经卷其书法乃出己下，无足重。王道士颇丧沮，弃之而去"。廷栋也未对如何保管藏经洞文物作任何指示，只是后来将一些经卷送给嘉峪关一个比利时的税务官以及新疆的长庚将军和潘道台等人。有学者考证，现北大藏卷D31号《大般涅槃经》和上海博物馆藏第23号《佛说佛名经》等写卷，便可能出自廷栋处和甘肃藩道台处。

汪宗翰，号栗庵，湖北省通山县人，1890年考中进士，学识很好，对于古代文献有较深的认识。1902年3月至1906年2月任敦煌县令，其间利用职权获得不少藏经洞文物。光绪二十八年（1902年）后陆续将《大中五年（851年）洪辩告身牒碑》等拓片《宋乾德六年（968年）绘水月观音像》《大般涅槃经》等绢画和写经送赠给甘肃学政叶昌炽，同时报告了有关藏经洞发现的情况。后叶昌炽向甘肃藩道台建议将藏经洞文物运到兰州保存，因缺乏经费，光绪三十年（1904年）三月改命敦煌县检点封存藏经洞。汪宗翰在送给叶昌炽的敦煌绢画上题"光绪三十年四月朔

287

叶昌炽 引自王冀青《国宝流散——藏经洞纪事》

（1904年5月15日）奉檄检点经卷画像"。但不知何故，他一直未派人查点藏经洞文物并造册，也未派人看守，也未对藏经洞进行真正有效的封存或考虑将文物运到敦煌县城内保管封存。

叶昌炽（1849—1917年），字兰裳，又字鞠裳、鞠常，自署"苢居士"、"歇后翁"，晚号"缘督庐主人"，原籍浙江绍兴，后来入籍江苏长洲（今苏州）。叶昌炽早年就读于冯桂芬开设的正谊书院，曾协助编修过《苏州府志》。1889年应试及第，授翰林院编修，入京任职于国史馆、会典馆等处，1902—1906年担任甘肃学政。叶昌炽是清末著名藏书家和金石学家，学识渊博，著有《语石》《缘督庐日记》《藏书纪事诗》《滂喜斋藏书记》等书。

叶昌炽上任不久就接到汪宗翰关于敦煌藏经洞情况的报告，然后向甘肃藩道台建议将所有这些古代文物运到省城兰州保存，后改命敦煌县检点封存藏经洞。

叶昌炽在任期间，曾收受敦煌县令汪宗翰送赠的不少敦煌藏经洞文物，这在其《缘督庐日记》中略有记述，光绪二十九年十一月十二日（1903年12月30日）、

斯坦因为王家彦拍摄的全家福 引自敦煌研究院编《敦煌图史》

三十年八月二十日（1904年9月29日）分别记载道：

"汪栗庵大令自敦煌寄至唐元拓片……栗庵共拓寄：《唐索公碑》，其阴《杨公碑》；《李大宾造像》，其阴《乾宁再修功德记》；经洞《大中碑》。皆六分。元《莫高窟造像》四分，《皇庆寺碑》二分，皆前所已收……又旧佛像一幅，所绘系水陆道场图……又写经四卷，皆《大般涅槃经》……敦煌僻在西荒，深山古刹，宜其尚有孑遗。闻此经出千佛洞石室中。"

"汪栗庵来公私两牍……又宋画绢本《水月观音像》，下有绘观音菩萨功德记，行书右行，后题'于时乾德六年岁次戊辰五月癸未朔十五日丁酉题记'……又写经三十一叶……皆梵文。以上经像栗庵皆得自千佛洞者也。"

除此之外，叶昌炽还收受敦煌文人王广文（王宗海）送赠的一些敦煌文物，其《缘督庐日记》光绪二十年九月五日（1903年10月13日）记道：

"敦煌王广文宗海，以同谱之谊馈塞外土宜，拒未收。收唐写经两卷，画像一帧，皆莫高窟中物也。写经一为《大般若经》之第百一卷，一为《开益经》残帙。画像视栗庵所贻一帧笔法较古，佛像上有贝多罗树，其右上首一行题'南无地藏菩萨'，下侧书'忌日画施'四字，次一行题'五道将军'，有一人兜牟持兵而立者即其像。在一行题'道明和尚'，有僧像在下。其下方有妇人拈花像，旁题一行云：'故大朝于阗金玉国天公主李氏供养。'元初碑版多称'大朝'，然不当姓李氏。此仍为唐时物耳，公主当是宗室女，何朝厘降，考新旧《唐书》外夷传或可得。"

叶昌炽虽然识得敦煌文物之价值，也曾向甘肃藩道台建议将这些文物运到省城兰州保存，却并未意识到保护敦煌文物的重要性和紧迫性。正如他自己后来在《缘督庐日记》宣统元年十月十六日（1909年11月28日）及十二月十三日（1910年1月23日）所忏悔说：

"午后，张暗如来言，敦煌又新开一石室，唐宋写经画像甚多，为一法人以二百元捆载而去，可惜也！俗吏边氓安知爱古，令人思汪栗庵。

中国守土之吏，熟视无睹。鄙人行部至酒泉，未出嘉峪关，相距不过千里，已闻其室发现事，亦得画像两轴、写经五卷，而竟不能罄其宝藏，辎轩奉使之为何！愧疚不暇，而敢责人哉？！"

身居清王朝要职的两江总督后转任直隶总督兼通商事务大臣的满人端方，早在斯坦因到达敦煌之前，已收到从甘肃地方官员手中寄送的藏经洞精美绢画与写经，却并未采取任何措施保护文物。

当时官场之腐败，还体现在很多方面。如斯坦因劫走了第一批文物之后，甘肃政府采取了极其愚昧的补救方法：由敦煌县府责成王道士将部分经卷装在两个转经筒内，其余的经卷则仍令堆在洞中，由王道士"妥为保守，毋再遗失私卖"。

王道士在上奏"活佛"慈禧太后的《催募经款草丹》中，说太后"赐银壹万

叶昌炽旧藏　五代　地藏菩萨像　引自敦煌研究院编《敦煌图史》

两，近闻其名而未得其款"。如果此事属实，只能解释这一万两银子在中途被各级贪官截走了。后来政府下令将劫余文献全部运京并拨款六千两银子作为收经价，而最后王道士到手时只有三百两，其余部分下落不明。

1901年的敦煌县令邬绪棣，1902—1906年的敦煌县令之后1906年和1907年的敦煌县令黄万春、王家彦和章乃诚，在保护敦煌文物上均无所作为，亦无人对其问责。王家彦任期为1907年3月至7月，其间斯坦因从王道士手中骗走大批敦煌卷子。

当时的官员或无所作为，或办事不力，或行贿受贿。如此盛行贿赂之风的官场，怎么能令敦煌文物不被外人骗劫，怎么会不滋生何彦昇、李盛铎之类的内贼？

附录

附录一　小辞条

远眺莫高窟

莫高窟

　　俗称千佛洞，位于敦煌城东南25公里处鸣沙山东麓的断崖上，南北长约1600米，始建于前秦建元二年（366年），讫于民国24年（1935年），绵历近1600年。在现存735个洞窟中（原编492个，后北区发掘新编243个），保存着十六国、北魏、西魏、北周、隋、唐、五代、宋、回鹘、西夏、元、清、民国等时期的壁画45000多平方米，彩塑3000余身；以及唐、宋、清、民国时期的木构建筑十余座。另外，1900年发现的藏经洞曾保存了4—11世纪的写本、帛画、纸画、织染刺绣等文物约5万件。

西千佛洞外景

西千佛洞

　　位于敦煌城西35公里的党河岸壁上，因地处莫高窟之西而得名。据《沙州都督府图经》的记佛龛文推断，其开凿时代大概与莫高窟同时。现尚残存北魏、西魏、北周、隋、唐、五代、回鹘、元、清、民国等时期修建或改建的洞窟22个。西千佛洞虽然规模不大，壁画、彩塑数量不多，但对于进一步了解、欣赏和研究敦煌石窟艺术史，颇有参考价值。

榆林窟外景

榆林窟

　　又名万佛峡，位于瓜州城南75公里处的踏实乡境内，开凿在榆林河峡谷两岸断崖上。在现存42个洞窟中，保留有唐、五代、宋、回鹘、西夏、元、清、民国等时期壁画的5000平方米，彩塑200多身，榆林窟开凿时代大概始于北魏，但大规模营造则在唐代。如中唐25窟，壁画保存完好，色彩犹新，艺术价值颇高，在整个敦煌石窟中亦属佼佼者。另外，西夏时期凿建的第二、三窟，无论在内容还是艺术上都独树一帜，弥补了莫高窟西夏艺术的不足。

东千佛洞

位于瓜州县城东南90余公里处（距桥子乡东南约30公里），开凿在峡谷河床两岸断崖上，是西夏和西夏以后开凿的一个以表现密宗内容为主的佛教石窟寺。东千佛洞现有大小洞窟23个，其中有壁画、塑像的洞窟仅9个，主要反映了西夏、元代、清代三个历史时期的石窟艺术。

东千佛洞外景

水峡口石窟

又名下洞子，位于瓜州城南约50公里处的踏实乡境内，距榆林窟约25公里，开凿在榆林河南北两岸断崖上。现存有塑像、壁画的洞窟8个，其中南崖的1—7号窟尚存宋及清代的塑像或壁画，北崖的8号窟尚存五代壁画。

水峡口石窟外景

五个庙石窟

位于肃北蒙古族自治县城南20公里处的狼湾里，开凿时代可能是北朝。该处并排有5个石窟（一个早年已毁，实为4个）。蒙古族将石窟称庙，所以称五个庙，包括残窟在内共有20多个石窟。现存四窟尚保存不少五代、宋、西夏、元等时期的壁画，内容丰富，艺术精湛，可以补充和说明敦煌佛教艺术发展过程中的许多问题。

五个庙石窟外景

锁阳城

又名苦峪城，位于瓜州县城东南约80公里的桥子乡正南的戈壁荒漠中。据考证，该城始建于汉代，历经晋、隋、唐、宋、元、明等朝代，规模宏大。城西北角有角墩，高约18米，

锁阳城遗址

拱形门洞，东西贯通。城垣为长方形，东西长565米，南北宽468米。城内遍布土筑房屋遗迹，残砖断瓦，随处可见，纵横城区的街道依稀可辨。城区内外，遍生锁阳（草本植物），既可充饥，又可解渴。初唐时期，薛仁贵进征西域，在此遭哈密国元帅苏宝同大军层层包围，便令士兵掘锁阳而食之，坚持到援军赶来，锁阳城即因此得名。

塔尔寺遗址

塔尔寺

在锁阳城东1公里处，有一座五代时期的大型寺院遗址，俗称塔尔寺。四周有土筑围墙残迹，寺内存大殿、僧房等建筑台基；北面有一座高14.5米的覆钵式大塔，塔内曾存有大量经卷、字画，20世纪40年代被俄国人盗走。大塔北面，有东西排列的10座小塔，塔内曾存有大量泥梵塔和泥塑小佛像。据《安西县志》记载："塔下曾挖得半截唐碑，一面碑文为张议潮归唐授爵、兴修水利、大兴屯垦……等称功颂德语，另一面为歌颂五代曹议金语。"

河仓城

河仓城

俗称大方盘城，建于西汉，位于敦煌西北约60公里处的戈壁滩中，西距汉代玉门关（小方盘城）约20公里。河仓城建在高出湖滩3米许的土台地上。因临疏勒河，故称河仓城。古城呈长方形，坐南面北，东西长132米，南北宽17米，残垣最高处约6.7米。城墙由夯土版筑，城内有南北方向的两堵墙，将城分隔为并排大小相等的3座仓库，墙壁上下都开有三角形的洞口，主要用于仓库的通风。城外围的东、西、北三面加筑有两重围墙。

当时据守玉门关、阳关及长城和烽火台的将士和战马的粮食、衣物、草料和武器，都由这一仓城供给。河仓城是古代西北长城边保留至今的最古老、规模最大的罕见的军事仓事仓城。1943年，这里曾发掘出被遗弃的糜子、谷子、大麦等粮食。

长城烽燧

敦煌境内有约150公里的汉长城遗址。从敦煌与安西交界处起，沿疏勒河南岸到阳关、玉门关都有汉长城的断续遗址，其中玉门关以西5公里处的一段保存最为完好，地基宽3米，残高3米，顶宽1米，为我国目前汉代长城保留最完整的一段。墙垣由沙土夹芦苇层层夯筑而成。

长城沿线，每隔十华里许（约5公里）筑有烽燧一座。敦煌境内现存烽燧80多座，玉门关、西湖一带保存得最为完整。汉代烽燧多呈底宽上窄的方柱形，主要建在长城内侧。筑造结构主要有3种：一是用黄胶土夯筑而成；二是用天然板土、石块夹红柳、胡杨枝垒筑而成；三是用土坯夹芦苇砌筑而成。烽燧大都建在较高的地方，一般都高达7米以上，有的残高10米左右。烽燧顶部，四边筑有不高的女墙，形成一间小屋。

许多烽燧旁边还残存有用来点燃烽火的积薪垛，有一座烽燧周围存放的积薪多达15堆，最大的长2米，高1.3米以上，都已凝结为化石般坚硬。

在汉长城烽燧中还曾出土1200多枚极有研究价值的汉简。

长城残垣

雅丹魔鬼城

"雅丹"，原义为具有陡壁的土丘，是干燥地区的一种风蚀地貌。在距玉门关西85公里处，有一处典型的雅丹地貌群落，由于地形怪异，给人以种种幻觉，因而被当地人称之为魔鬼城。这一地区距敦煌市区约170公里，位于甘肃、新疆交界处，紧挨罗布泊。据初步测算，魔鬼城长宽各约20公里、总面积约为400平方公里。由于风的长期猛烈吹蚀，魔鬼城里松软的沙土石被卷走，地面被侵蚀成规则的沟壑，而坚硬的土石层则成为高矮不等的土岗，并被风雕成一个个状如石人、石马、骆驼、乌龟、鳄鱼、石柱、蒙古包、宫殿、城堡、蘑菇等千姿百态的造型。每当夜幕降临，劲风吹过时，这里便发出恐怖的呼啸，犹如千万只野兽在怒吼，令人毛骨悚然。

雅丹地貌

嘉峪关

嘉峪关

　　位于嘉峪关市西南端的嘉峪山麓，是明代万里长城西端终点。它的南面是祁连山，北面是马鬃山，地势十分险要，是丝绸之路上的重要关口，有"天下雄关"之称。关城始建于1372年（明洪武五年），坐东向西，由内城、瓮城、罗城、外城和城壕等部分组成。关城高11.7米，周长733米，面积33500多平方米。嘉峪关是万里长城关隘中保存最完整的一座，也是我国古代著名建筑之一，坚固雄伟，工艺精湛。据说修筑关城前，计算精确周密，因此工程竣工时只剩下有人故意加放的一块砖。

酒泉鼓楼

酒泉

　　丝绸之路上的一个重镇，古称肃州，甘肃省省名即是由甘州（今张掖）和肃州缩略而成。关于酒泉的地名来源，一种说法是古城地下有泉，泉水如酒；一种说法是用这个泉的水酿酒，酒味香浓；一种说法为西汉时，汉武帝奖励一坛美酒给霍去病，霍去病则把这坛酒倒入泉中，与众将士共饮。该泉现在酒泉市城东一公里处的酒泉公园内。酒泉市另有钟鼓楼、魏晋壁画墓、文殊山石窟等重要旅游景点。

文殊山后山

文殊山石窟

　　文殊山石窟位于酒泉市南15公里、祁连山北麓的肃南县境内。相传文殊菩萨在此地显灵，故称"文殊山"。文殊山原来寺院林立，香火盛行，曾有古代建筑360余座，寺院70余所，石窟100多个。石窟最早开凿于北凉或北魏，历经各代修造，但至今保存较完好的石窟仅十余处。文殊山分前山和后山，前山千佛洞中的壁画明显与新疆克孜尔和敦煌莫高窟早期壁画有渊源关系，另有前山万佛洞、后山古佛洞、千佛洞、观音洞等亦保存北魏、西夏等时期的壁画和造像。

张掖

张掖以"张国臂掖，以通西域"而得名，也称甘州。地处祁连山东北麓，位于河西走廊中部。公元前111年，为抵制匈奴的进犯，汉武帝派霍去病出陇西而建张掖郡，从此张掖成为历代王朝在西北地区的政治、经济、文化和外交活动的中心。公元609年，隋炀帝西巡经青海到张掖，召集西域27个国家的使团在此举行了轰动世界的中西交易会，极大地促进了丝路贸易的繁荣。张掖市的旅游景点有市区内的大佛寺、张掖木塔、西来市和市区西北12.5公里处的黑水国遗址，以及市区南60余公里的马蹄寺石窟群。

张掖木塔

马蹄寺石窟群

位于张掖市南60余公里的肃南裕固族自治县马蹄区的祁连山境内。现存石窟包括金塔寺，上、中、下观音洞，千佛洞，马蹄寺，南、北二寺等7个部分。这些石窟以马蹄寺为中心，分布在其周围的崇山峻岭之中，相互之间的距离少则二三公里，多则十几公里。各石窟中现存的窟龛，有的二三十个，有的仅两三个，7个石窟的窟龛总数有70多个。石窟中的造像主要为泥塑。最早的石窟开凿于十六国北凉时期，以后北魏、西魏、隋、唐、西夏、元、明、清等时期都有修建。

马蹄寺石窟群

其中南寺与北寺合称马蹄寺石窟。南寺位于肃南裕固族自治县马蹄区政府所在地背面山崖间，曾开凿有洞窟五六个，但已残毁不堪。残窟附近的红砂岩壁上，凿雕有元、明时期的喇嘛塔，造型较为独特。

从南寺向北翻过一座山坡便是北寺，北寺的洞窟开凿在南北走向的马蹄山东侧极为峻拔的悬崖峭壁间，坐西向东，有大小窟龛30多个（现编号9个窟），最早可能开凿于元代。

299

金塔寺外景

金塔寺石窟

　　位于距马蹄寺东南约15公里的大都麻河西岸的红砂岩崖壁上。崖壁高约百米，洞窟距地面约60米。原有小路顺山势盘旋而上，后新修一条陡峭的200多级的石阶梯直通洞窟。所开凿的两个洞窟相距不足10米，依其位置，习惯上分别称为东窟和西窟。石窟最早开凿于十六国北凉时期，以后西夏、元代等时期有重修。

　　此地树茂林郁，山谷幽深，芳草如茵，溪水清澈，野兔、山鸡时而跃于眼前，与陡峭的"天梯"和位于高耸绝壁的佛窟互相映衬，为修行与礼拜之天然圣地。

千佛洞外景

千佛洞石窟

　　位于马蹄寺北寺西北约3公里的马蹄河西岸的陡峭崖壁上，窟前地势开阔，芳草如茵。据《东乐县志》记载："千佛洞在洪水河，悬崖峭壁，蠹立千仞，岩半凿洞，整饬明敞。通连数十，俨若五步一楼，十步一阁。中塑佛像，旁开窗牖。"可见当时的窟龛规模和宏伟壮观之情景。现存窟龛依山崖形势自然分为南、中、北三段，南段包括第1、2、3、4窟，中段有第5、6、7、8窟，北段为浮雕舍利塔群共87座。

武威文庙

武威

　　丝绸之路自东向西进入河西走廊的第一大城，南靠祁连山，东接腾格里沙漠。早在原始氏族公社时期武威就有人类活动。公元前121年，汉武帝派霍去病征服河西，设武威郡。前凉、后凉、南凉、北凉都曾先后建都于此，因此武威又称凉州。市区附近的旅游景点主要有雷台、文庙、罗什寺塔、海藏寺、皇娘娘台遗址等，城南40公里处即著名的天梯山石窟。

天梯山石窟

位于武威城南40多公里处的中路乡灯山村，在天梯山西北麓。因山势陡峻，断崖如削，登临之难，犹如上天梯，故名"天梯山"。天梯山石窟俗名大佛寺，明正统十三年（1448年）时有洞窟26个，现存19个洞窟。石窟所在山体，轮廓犹如一只出水之大龟。天梯山石窟最早开凿于北凉沮渠蒙逊时期，以后北魏、西魏、北周、隋、唐以至宋、西夏、元、明、清各代，都有兴建或重修。因窟前修建黄羊河水库，经有关部门批准，于1959年10月至1960年4月，将窟内重要壁画、塑像搬运到甘肃省博物馆内存放保管。搬迁后的天梯山石窟，由于距蓄水后的水位仍有一定距离，仍保留着原貌，部分洞窟还残留一些壁画、塑像底座、造像石胎以及窟龛与中心柱浮雕等。

天梯山石窟既是我国早期史书记载的一座非常重要的石窟寺，也是我国早期石窟艺术的代表，在我国石窟发展史上占有非常重要的地位。

天梯山石窟大佛

附录二 敦煌艺术小辞条

涅槃像

涅槃

　　梵文Nirvana的音译。佛教说人生最苦。所谓"涅槃"，就是修真悟道，成无上正觉，解脱生老病死和轮回之苦，进入不生不灭的境界而永享极乐的意思。

天王

天王

　　天王，既指守卫须弥山腹的东方持国、南方增长、西方广目、北方多闻四大天王，亦特指随军护法的北方毗沙门天王（即多闻天王），另外似泛指其他威武勇猛的天将和天龙八部中天众之首领。四大天王亦称"四大金刚"。

天龙八部

天龙八部，即天、龙、夜叉、阿修罗、乾闼婆、紧那罗、迦楼罗、摩睺罗伽等八大部众；是佛教的护法神，分别执管各类具体的事务，或维持秩序（天），或管理雨水（龙），或"守天城池门阁"（夜叉），或以力作战（阿修罗），或为佛施香作乐（乾闼婆、紧那罗、摩睺罗伽），或防除灾毒（迦楼罗），等等。

天龙八部画像（局部）

佛传故事画

描绘佛教创始人释迦牟尼生平事迹的故事画。莫高窟现存各时期的佛传故事画计37幅，其中北凉1幅，北魏5幅，北周4幅，隋7幅，唐17幅，五代1幅，宋2幅，分布在27个洞窟之中。

佛传故事画

本生故事画

宣扬释迦牟尼前世或前若干世的各种善行的图画。现存各时期本生故事画近20种，如月光王施头、尸毗王割肉贸鸽、毗楞竭梨王身钉千钉、快目王施眼；北魏时期的萨埵太子舍身饲虎、九色鹿舍己救人等。

佛本生故事画

因缘故事画

因缘故事画

即描绘佛陀度化众生的连环画。它和本生故事画的区别是：本生只讲释迦本人前生故事，而因缘则讲佛门弟子、善男信女前生或今世之事。莫高窟现存各时期因缘故事画有十余种，如须摩提女设斋请佛、释迦从弟难陀被迫出家、沙弥守戒自杀等。

经变画

经变画

一切以佛经为依据的绘画，如前面介绍的佛教故事画，都可以称为经变或变相，而这里主要指按一部经绘成一幅画的巨型经变。据不确切统计，莫高窟现存这类经变画32种，计1218幅。如《法华经变》《药师经变》《金光明经变》等。

佛教史迹画

佛教史迹画

根据史籍记载或民间传说而描绘的佛教历史人物、历史事件、佛教圣迹和灵应故事等内容的图画。佛教史迹故事在佛教中称为"感应事迹"，其中既有真人真事，也有想象虚构的故事，但它们往往有较多的现实依据，具有历史、地理、宗教、文学等多种价值。

供养人

　　供养人是指以钱财、田地、奴仆、经书等供养佛（实为寺庙僧侣）的佛教信徒。供养人画像则是为出资开窟造像的施主所画的功德像，属于肖像画。敦煌壁画中的供养人像，现尚存二三千身，有地方官吏、戍边将士、寺院僧侣，也有庶民百姓、奴仆以及各民族人物画像。

供养人画像

装饰图案画

　　装饰洞窟建筑各个部分的形式和纹样。装饰的部位和形式有藻井、平棋、龛楣、背光、头光、边饰、地毯、桌围、旗帜、服饰、器物等。装饰的纹样有植物纹、天象纹、几何纹、动物纹、人物纹等。

装饰图案画

附录三 主要参考文献与图版出处

［1］敦煌研究院主办，《敦煌研究》总1—136期。

［2］兰州大学敦煌学研究所编，《敦煌学辑刊》总1—75期。

［3］敦煌文物研究所编，《1983年全国敦煌学术讨论会文集》（文史·遗书编上、下），甘肃人民出版社1987年3月版，1987年4月版。

［4］敦煌文物研究所编，《1983年全国敦煌学术讨论会文集》（石窟·艺术编上、下），甘肃人民出版社1985年8月版，1987年2月版。

［5］敦煌研究院编，《1987年敦煌石窟研究国际讨论会文集》（石窟艺术）（石窟考古），辽宁美术出版社1990年10月版。

［6］敦煌研究院编，《1990年敦煌学国际研讨会文集》（石窟艺术编）（石窟考古编）（石窟史地、语文编），辽宁美术出版社1995年7月版。

［7］敦煌研究院编，《2000年敦煌学国际学术讨论会文集——纪念敦煌藏经洞发现暨敦煌学百年》（历史文化卷、石窟考古卷、石窟艺术卷），甘肃民族出版社2003年9月版。

［8］敦煌研究院编，《2004年石窟研究国际学术会议论文集》（上、下），上海古籍出版社2006年11月版。

［9］敦煌文物研究所编，《中国石窟·敦煌莫高窟》（全五卷），文物出版社1982—1987年版。

［10］敦煌研究院编，《敦煌：纪念敦煌藏经洞发现一百周年》，朝华出版社2000年版。

［11］季羡林主编，《敦煌学大辞典》，上海辞书出版社1998年12月版。

［12］政协甘肃省敦煌市委员会编，《敦煌文史资料》第1辑，1991年6月印刷。

［13］段文杰主编，《段文杰敦煌石窟艺术论文集》，甘肃人民出版社1994年6月版。

［14］张弓主编，《敦煌典籍与唐五代历史文化》，中国社会科学出版社2006年3月版。

［15］王重民等编校，《敦煌变文集》（上、下），人民文学出版社1957年版。

［16］刘进宝著，《敦煌学述论》，甘肃教育出版社1991年12月版。

［17］黄征、程惠新著，《劫尘遗珠——敦煌遗书》，甘肃教育出版社1999年7月版。

［18］兰登·华尔纳著，姜洪源、魏宏举译，《在中国漫长的古道上》，新疆人民出版社2001年7月版。

［19］伯希和著，耿昇译，《伯希和西域探险记》，云南人民出版社2001年10月版。

［20］樊锦诗主编，《莫高窟史话》，江苏美术出版社2009年1月版。

［21］胡同庆、罗华庆著，《解密敦煌》，甘肃人民美术出版社2010年1月版。

［22］马德著，《敦煌工匠史料》，甘肃人民出版社1997年11月版。

［23］彭金章、王建军著，《敦煌莫高窟北区石窟》（第1—3卷），文物出版社2000—2004年版。

［24］胡同庆著，《品味敦煌》，中国旅游出版社2008年7月版。

［25］周峰著，《中国古代服装参考资料》（隋唐五代部分），北京燕山出版社1987年12月版。

［26］高国藩著，《敦煌民俗学》，上海文艺出版社1989年11月版。

［27］谭蝉雪著，《敦煌民俗——丝路明珠传风情》，甘肃教育出版社2006年6月版。

［28］谭蝉雪著，《中世纪的敦煌》，上海人民出版社2007年7月版。

［29］胡同庆、王义芝著，《敦煌古代游戏》，甘肃少年儿童出版社2012年7月版。

［30］马继兴主编，《敦煌古医籍考释》，江西科学技术出版社1988年10月版。

［31］张侬著，《敦煌石窟秘方与灸经图》，甘肃文化出版社1995年6月版。

［32］高启安著，《唐五代敦煌饮食文化研究》，民族出版社2004年12月版。

［33］王进玉著，《漫步敦煌艺术科技画廊》，科学普及出版社1989年11月版。

［34］李忠武著，《天下第一说敦煌》，敦煌文艺出版社1998年11月版。

［35］马德著，《敦煌石窟全集26·交通画卷》，香港商务印书馆2000年12月版。